SERMONES

Teología + Biblia = Vida

Pr. JOSÉ RAMÓN DEL VALLE RODRÍGUEZ
(D. Min. C. C.)

Edición en Español

kindle direct publishing

Library of Congress Control Number: 2018675309

ISBN-13 : 979-8468412435 Paper Back
Sello: Independently published

Courtesy Photografy: LUIS JAEN
Cover design by: Art Painter, JOSÉ DEL VALLE

AUTHOR:
JOSÉ RAMÓN DEL VALLE RODRÍGUEZ

TITLE:
® SERMONES: Teología + Biblia = Vida

CLASIFICATION:
TEOLOGÍA, HERMENÉUTICA, HOMILÉTICA

Printed in the United States of America

CONTENTS

Title Page	1
Copyright	2
Unidos	5
Esperar en Dios	15
Un Nuevo Comienzo	25
Dios no mira la apariencia	35
El día de la Liberación	45
Creación	55
En el hogar	65
La Palabra De Esperanza	75
¿A quién Adoramos?	88
La Batalla Por El Control Del Universo	92
Maravillosa Ley De LA Libertad	104
¿Qué Sucede Con El Hombre Al Morir?	107
Un Dios De Victoria Y Misericordia	113
Recuperando Lo Perdido	115
Una Razón Poderosa Para Seguir Viviendo	117
Enterrar El Pasado	128
Resistir La Tentación	139

Todo Es Para Bien 161
Mi Casa, Casa De Oración 182
Seguro En Casa 203
Sabiduría De Dios 225
El Día De Expiación Y La Dieta En 240
Resurrección Especial 255
El Milenio 259
לֹא טוב 263
A la Ley y al Testimonio 266
Introducción Isaías 53 271
Muerte y resurrección del siervo sufriente 274
Su sufrimiento es extremo 277
Muere Como Un Criminal 280
Él Sufre Y Muere 284
Su Sufrimiento Es Descrito 287
Volverá de la muerte 290
Finalmente, 293
AGRADECIMIENTOS 295
About The Author 297
Books By This Author 301

UNIDOS

Texto: (Génesis 11: 1-9)

Introducción:

El ser humano tiene la particularidad de creer que el tamaño es símbolo de poder, un hombre dice: "yo no quiero un perro pequeño, yo quiero un perro grande" La mujer dice: "yo quiero un hombre alto, los bajitos no me gustan"

Siempre queremos una casa más grande, un televisor enorme, un celular que ya no quepa en el bolsillo, y eso no es nuevo.

¿Sabían ustedes que el edificio más alto del mundo es el Burj Khalifa? Queda en Dubái, tiene 163 pisos y 828 metros de altura, una total obra de ingeniería. Desde cualquier parte de la ciudad y a kilómetros a la redonda se puede ver como sobresale el edificio por encima del resto de construcciones, suena impresionante, pero no es ni de cerca el edificio más alto que la humanidad ha construido.

Cuando hablamos de maravillas en la construcción, pensamos en grades puentes o incluso las pirámides, pero la biblia nos habla del edificio más alto jamás construido, una hazaña que la ingeniería moderna con toda la tecnología que existe hoy en día no puede igualar.

La Torre de Babel fue construida en una llanura de la tierra de Sinar como se explica en el libro de Genesis. Fue construida después del diluvio en un intento de mostrar grandeza y poder, y aunque es una historia muy conocida, haremos un análisis profundo, una exploración detallada del relato bíblico, el cual no es solo interesante por la enorme torre sino por todas las consecuencias de la intervención divina, como la confusión de las lenguas y el surgimiento de diferentes idiomas.

La leyenda de la confusión de las lenguas tiene un origen etimológico. El relator bíblico, que escribió posiblemente en tiempos del cautiverio de los israelitas en Babilonia, interpreta la palabra Babel en el sentido de "confusión".

A través de este tema nos daremos cuenta de los tres pasos incorrectos que cometieron los hombres al iniciar un proyecto sin la bendición de Dios.

Desarrollo:

I. Un lugar de reunión

Revisemos en nuestras biblias lo que se nos dice sobre la torre de Babel.

(Génesis 11:1-3) "En ese entonces se hablaba un solo idioma en toda la tierra. ² Al emigrar al oriente, la gente encontró una llanura en la región de Sinar, y allí se asentaron. ³ Un día se dijeron unos a otros: «Vamos a hacer ladrillos, y a cocerlos al fuego». Fue así como usaron ladrillos en vez de piedras, y asfalto en vez de mezcla."

Aquí encontramos algo muy curioso en el relato bíblico

¿Cómo se llamaba el lugar de reunión?

El versículo 2 habla específicamente de una región llamada Sinar, pero ¿por qué no se llama la Torre de Sinar? La respuesta es sencilla y la misma biblia nos contesta.

(Génesis 11:9) "Por eso a la ciudad se le llamó Babel, porque fue allí donde el Señor confundió el idioma de toda la gente de la tierra, y de donde los dispersó por todo el mundo."

La ciudad pasó a ser llamada Babel luego de la intervención de Dios, que de acuerdo con Genesis 11:9, este nombre significa "confusión o mezcla" ya que proviene del verbo b>lal, "confundir o mezclar". Por lo tanto, en el idioma hebreo, Babel suena como el verbo que significa confundir.

El comentario Bíblico Adventista explica que la denominación de su ciudad, B>bilu o B>bil>ni, quería decir "puerta de dios [los dioses]". Otros sugerían que debía su origen a una derivación del verbo bab. b>balu, "esparcir [dispersar]"; pero los ciudadanos no habrían estado muy orgullosos de ello, y de allí su composición en babu, "puerta", más ilu, "dios". Lo que se convirtió en un juego de palabras del hebreo con el término Babel, "Babilonia", que los babilonios explicaban como "el portal de los dioses" (bab-illi).

Pues claro, los babilonios no querían que la capital de su imperio se le conociera como la "confusión". Antiguos textos babilonios interpretan Bab-ilu o Bab-ilanu con el significado de "puerta de dios" o "portón de los dioses". Eso si suena mucho más bonito.

Sin embargo, es posible que este significado fuera secundario y que el nombre procediera originalmente del verbo babilonio babalu, que significa "esparcir" o "desaparecer".

La historia de Babel es famosa porque Dios confunde el lenguaje, y como resultado no se puede completar la ciudad (ni la torre). Representa el fracaso del hombre por intentar alcanzar a Dios y el cielo por sus propios medios. Porque solamente estamos confundidos y dispersos.

Cuando pienso en la Torre de Babel la primera pregunta que surge es ¿para qué construir esa torre? No creo que fuera para vender apartamentos de lujo o porque les encantara tener una oficina en el piso 1200, sería terrible tener que subir tantas escaleras.

Tampoco era por falta de espacio, cuando nosotros construimos un segundo piso es porque no tenemos más terreno, pero recordemos que la torre de Babel fue pocas generaciones después del diluvio universal y no había tanta gente en el planeta. Terreno para construir había por todas partes, solo quedaba Noe y su descendencia cuando Dios tomó la decisión de limpiar el mundo de tanto pecado.

Esta historia nos muestra con cuánta prontitud se olvidan los hombres de los juicios más graves y vuelven a sus crímenes anteriores. Aunque la devastación del diluvio estaba delante de sus ojos, aunque surgieron de la simiente del justo Noé, aún durante su vida, la maldad aumenta en forma excesiva.

Nada, sino la gracia santificadora del Espíritu Santo puede quitar la lujuria pecaminosa de la voluntad humana y la depravación del corazón del hombre.

Matthew Henry dice lo siguiente: "El propósito de Dios era que la humanidad formara muchas naciones y poblara toda la tierra. Despreciando la voluntad divina y contrariando el consejo de Noé, el grueso de la humanidad se unió para edificar una ciudad y una torre que les impidiera ser separados. Empezó la idolatría y Babel llegó a ser una de sus principales sedes. Ellos se hicieron mutuamente más osados y resueltos. Aprendamos a estimularnos mutuamente al amor y a las buenas obras, así como los pecadores se incitan y alientan unos a otros a las malas obras."

La hermana Ellen G. White Dice en Patriarcas y Profetas: "Los constructores de la torre de Babel habían manifestado un espíritu de murmuración contra Dios. En vez de recordar con gratitud su misericordia hacia Adán, y su bondadoso pacto con Noé, se habían quejado de su severidad al expulsar a la primera pareja del Edén y al destruir al mundo mediante un diluvio." (PP)

II. Una construcción no aprobada por Dios

Preguntémonos ¿que buscaban lograr construyendo semejante torre?, la biblia nos da la respuesta.

Génesis 11:4-6:

"Luego dijeron: «Construyamos una ciudad con una torre que llegue hasta el cielo. De ese modo nos haremos famosos y evitaremos ser dispersados por toda la tierra».

[5] Pero el Señor bajó para observar la ciudad y la torre

que los hombres estaban construyendo, [6] y se dijo: «Todos forman un solo pueblo y hablan un solo idioma; esto es solo el comienzo de sus obras, y todo lo que se propongan lo podrán lograr"

Cuando la idolatría y el politeísmo rompieron ese vínculo espiritual interno, no sólo perdieron la unidad de la religión sino también el espíritu de hermandad.

Un proyecto como el de la torre, que buscaba preservar por un medio externo la unidad interior que se había perdido, estaba condenado al fracaso. Es obvio que únicamente los que habían renegado de Dios tomaron parte en esas actividades.

El hombre puede oponerse organizadamente contra Dios, y puede parecer en un momento que el hombre logrará sus planes. Pero Dios interviene cuando ha permitido suficiente tiempo, esperando ver un cambio en el hombre transgresor. Nunca el hombre podrá burlar los planes de Dios, no importa con cuanta habilidad y organización se lo proponga.

Los planes de los constructores de la torre de Babel terminaron en vergüenza y derrota. El monumento de su orgullo sirvió para conmemorar su locura, pero las personas siguen hoy el mismo sendero, confiando en sí mismos y rechazando la ley de Dios. Es el principio que Satanás trató de practicar en el cielo, el mismo que siguió Caín al presentar su ofrenda.

Todo ser humano debería dejar su confiar en Dios antes que en los hombres porque el Señor es sabio y como padre amoroso él quiere lo mejor para cada uno de nosotros. No seamos como los que estaban construyendo la torre, que estaban en contra del plan de Dios, creyendo que sus propios planes podrían superar su infinita sabiduría. Eso nos sigue pasando, sabemos que queremos o buscamos algo que no está de acuerdo al plan divino y los designios de Dios, pero aun así ignoramos la voz del Espíritu Santo por complacer nuestros propios deseos. Recordemos, que los planes de Dios son buenos.

Elena de White comenta en el libro Historia de los Patriarcas y profetas: "Después de la dispersión de Babel, la idolatría llegó a ser otra vez casi universal, y el Señor dejó finalmente que los transgresores empedernidos siguiesen sus malos caminos, mientras elegía a Abrahán del linaje de Sem, a fin de hacerle depositario de su ley para las futuras generaciones".

El hombre se unió para construir la torre, lo malo que este lugar no tenía la bendición de Dios porque no estaban haciendo lo que Dios le agrada, hoy debemos preguntar si nuestros planes son planes de Dios o planes humanos.

El hombre siempre ha buscado la exaltación para enorgullecerse por su capacidad. Tal actitud concuerda perfectamente con las actitudes de satanás y al mismo tiempo contrasta agudamente con el carácter de Dios, que se humilló para salvarnos.

Por eso la humildad es tan esencial en la vida del cristiano. Jesús dijo que él se humilla será exaltado y el que se exalta será humillado.

III. Una torre que deshonra a Dios

El relato de Babel continúa de la siguiente manera.

(Génesis 11:7-9): "Será mejor que bajemos a confundir su idioma, para que ya no se entiendan entre ellos mismos».

[8] De esta manera el Señor los dispersó desde allí por toda la tierra, y por lo tanto dejaron de construir la ciudad. [9] Por eso a la ciudad se le llamó Babel, porque fue allí donde el Señor confundió el idioma de toda la gente de la tierra, y de donde los dispersó por todo el mundo."

Sus corazones estaban llenos de soberbia ante Dios. Querían exhibir su poder y fama, colocándose a sí mismo por encima de Dios y de su gloria.

La torre de Babel tenía el propósito de llegar a ser un monumento a la sabiduría superior y a la habilidad de sus edificadores. Los hombres han estado dispuestos a soportar penalidades, peligros y privaciones a fin de hacerse de un buen "nombre" o reputación. Cuando nos gloriamos de cualquier pequeñez que logramos, lo más seguro es que vendrá la confusión.

Recuerdo que en una iglesia un hermano decía que quería trabajar para Dios, que quería un cargo en iglesia, que deseaba colocar sus manos al servicio de la iglesia y ser un siervo útil, yo le indiqué al hermano que un cargo no era lo que lo convertiría en un siervo fiel, su labor dependía de la disposición de su corazón, pero eso no logró calmarlo mucho.

Unos meses después, en la lectura de los nuevos cargos al hermano le dieron un cargo interesante y de acuerdo a las habilidades y talentos que había demostrado en la iglesia, pero se acercó al comité de nombramiento y lo rechazó porque no era el cargo que él quería, era un cargo según él, muy pequeño, él quería dirigir, él quería subir a plataforma y ser visto. Este hermano no buscaba trabajar para Dios, lo que buscaba no era servir al Señor, lo que buscaba era reconocimiento, fama, inflar su orgullo, buscaba satisfacer su deseo de poder cometiendo el mismo error que aquellos que edificaron la torre tratando de demostrar grandeza y solo mostraron su arrogancia.

El propósito de Dios era que el hombre se esparciera por toda la faz de la tierra que no se quedara en un solo lugar, sino que se multiplicara y llenara la tierra, ese es el propósito de Dios con la humanidad en ese momento, eso fue lo que le indició a Adán y Eva en el Edén y también a Noe, sus hijos y sus esposas al salir del arca.

Dios estableció su pacto con Noé. Algunas regiones podrían ser devastadas y hombres y animales barridos por centenares de miles, pero nunca habría otra vez una destrucción universal de la tierra por un diluvio. Este "pacto" no contenía sino una estipulación y asumía la forma de una promesa divina. Sin embargo, esta promesa no implica que Dios esté obligado a no destruir otra vez el mundo mediante otro medio que no sea el agua.

Aun así los hombres no creyeron en Dios, le dieron la espalda pero temían que otra catástrofe como el diluvio se repitiera y que sin importar todo su poder y dinero, fueran arrasados nuevamente, así que construyeron la enorme torre también pensando que si lograban sobrepasar las nubes, podrían subir con todos sus tesoros a los pisos más altos de la torre y escapar de la ira de Dios, que sin importar cuanto subiera la marea por las lluvias incesantes, ellos jamás tendrían problemas porque en su gran arrogancia creyeron que su torre podría derrotar a Dios.

El hombre en la torre de Babel desafía a Dios

descaradamente con actitud contraria a lo que Dios ordenó. Muchas personas hoy viven su vida con actitudes contrarias a los que Dios ordena en su palabra. Pero lo cierto es que el hombre cosechará lo que siembre. El mayor error del ser humano es oponerse a los planes que Dios tiene. Al hombre le parece que tiene una mejor solución a los problemas de la vida que los que Dios ofrece.

LLAMADO

En el mundo que profesa ser cristiano, muchos se alejan de las claras enseñanzas de las Sagrada Escritura y construyen un credo fundado en especulaciones humanas y fábulas agradables. Señalan su torre como una manera de subir al cielo olvidándose del plan divino y dándole la espalda a los mandatos de Dios. Muchos se encuentran en el valle de confusión, cegados por su propia arrogancia, y alejándose cada vez mas de Dios en busca de sus propios deseos, llenos de orgullo y deseosos de reconocimiento y gloria. La invitación de hoy es a que nuestra vida este comentada con Dios cada día y permanezcamos firmes en los caminos del Señor. Edifiquemos sobre el cimiento que es Cristo Jesús, la roca eterna y dejemos que la voz del Espíritu Santo guie nuestros pasos.

ESPERAR EN DIOS

Texto: Génesis 16:1-2

Introducción

Muchos creen que la ciencia y la religión no pueden ir de la mano, pero eso no es cierto, hay muchos hallazgos científicos que sirven de evidencia para muchos relatos bíblicos, dar información de culturas antiguas y ciudades que se creían que no existieron.

Un gran ejemplo de esto es la arqueología, investigadores que desentierran pedazos de un pasado olvidado, redescubren ciudades enterradas y logran describir cómo vivían las personas en aquella época y lugar, y esta información suele estar en armonía con los relatos bíblicos históricos.

Por ejemplo, entre los años 1925 y 1931. Se hicieron excavaciones en una ciudad antigua del Norte de Mesopotamia llamada Nuzi. En la cual se encontraron 4,000 tablillas. Las tablillas de la antigua Nuzi, han ofrecido a los investigadores información relativa a costumbres legales del siglo XV a.C., que presentan paralelismos con la narrativa patriarcal.

Toda esta información nos da una visión diferente de los relatos bíblicos, recordemos que ocurrieron hace muchos siglos y por lo tanto su cultura y tradiciones eran muy distintas a las nuestras, pero la arqueología bíblica ha proveído de información en cuanto a esto para que tengamos un mejor entendimiento de la Palabra de Dios.

Si vamos a Genesis capítulo 16, el texto nos dice que "Saraí, la esposa de Abram, al ver que no tenía hijos, quiso ayudar a Dios."

Y eligió a una mujer que era su esclava para que tuviera un hijo con su esposo. Esto para nosotros suena a una completa locura, principalmente porque no sería hijo de Saraí sino de su esclava, Agar y su esposo. Suena totalmente descabellado que a una mujer se le pase ese plan por la mente, pero esta acción era costumbre en su época de las personas de Harán, la tierra donde se criaron Abram y Saraí. En sus costumbres si una mujer no podía dar hijos, una esclava podía ser usada y el hijo que esta diera sería de su señora y no de la esclava.

Entonces al ver que era vieja y aún no podía concebir, Saraí creyó que Dios no le daría hijos a su esposo por medio de ella e intentando ayudar a Dios utilizó las costumbres de su antiguo pueblo. Pueblo del que Dios les ordenó salir precisamente porque sus leyes y tradiciones no estaban de acuerdo con sus mandamientos y su obra.

Pero la culpa no es solo se Saraí. Abram obedece a la voz de su mujer en lugar que la voz de Dios, compartiendo la culpa de su error tal como sucedió con Adam y Eva que, en lugar de corregir a su pareja, decidieron compartir su pecado.

Todos cometemos errores, todos hemos flaqueado en la fe y es entonces cuando el enemigo que siempre está acechando nos ataca más fuerte, cuando somos más vulnerables, llevándonos a desobedecer a Dios, incluso creyendo que nuestros actos tienen buenas intenciones.

Por esta razón, te invito a que, en este día, juntos analicemos 3 causas que pueden llevarnos a tomar las peores decisiones. Decisiones equivocadas que nos alejaran del plan de Dios en nuestras vidas, como le ocurrió a este patriarca.

Desarrollo

I. La impaciencia

La primera razón por la cual conociendo las promesas de Dios en nuestras vidas a través de las sagradas escrituras y aun así cometemos errores y realizamos actos que van en contra de la voluntad divina es por causa de la impaciencia.

Es común ver hermanos que tienen deseos en su corazón que anhelan ver cumplidos, pero no solo quieren que el Señor les conteste, sino que quieren que les contesten ya. Hay personas que se desesperan si tardan más de un minuto en contestar un mensaje, como será cuando tienen tiempo pidiendo por lo mismo en sus oraciones y sienten que Dios tarda en contestarles, todo por el afán de un deseo no cumplido.

La falta de fe de Sarai hizo que llegara a la conclusión de que no tenía esperanza de tener hijos. Por eso decidió seguir la práctica de su país natal a fin de proporcionar un heredero para la familia. Los códigos legales de Mesopotamia autorizaban la práctica por la cual una esposa estéril podía dar una de sus esclavas a su esposo y tener hijos mediante ella. Esos códigos también determinaban precisamente los derechos de una descendencia con este método. Se necesitaba una reglamentación, especialmente en el caso en que una primera esposa tenía hijos después de que la sierva los había tenido, o cuando una sierva se volvía altanera después de haber sido honrada al dar a luz a un heredero. Toda esta información aparece en el código de Hammurabi.

La hermana Elena de White dice en el libro patriarcas y profetas que Abraham había aceptado sin hacer pregunta alguna la promesa de un hijo, pero no esperó a que Dios cumpliese su palabra en su oportunidad y a su manera. Y también dijo, que esto fue lo que llevo a Saraí a sugerir como plan mediante el cual se cumpliría el propósito divino, que una de sus siervas fuese tomada por Abrahán como esposa secundaria. (PP. 142)

Cuando anhelamos algo con todo nuestro corazón y no es concedido en el momento que nosotros lo esperamos, tendemos a hacer las cosas a nuestra manera.

La fe de Abram y Saraí, que había permanecido inmutable durante diez años, disminuyó en ese momento. El pecado se puede tratar de explicar con su impaciencia por la demora en la llegada de un heredero. Abram no comprendía que la demora tenía origen divino para probar su fe y desarrollar su carácter.

Debemos pensar en esta situación en nuestras vidas, si Dios aún no nos ha contestado es posible que sea porque aún no estamos listo para la respuesta, o porque Dios quiere probar nuestra fe al hacernos esperar. Si nuestra fe desfallece al pasar el tiempo entonces estamos dando evidencia de que no estamos preparados para su bendición.

Queremos todo de forma inmediata, nos hemos acostumbrado al mundo moderno en que todas las personas corren, nunca tienen tiempo, odian esperar o hacer fila, detestan cuando las cosas no son de forma inmediata y creen incluso que su tiempo es más valioso que el de los demás. En medio de tanto afán, Dios nos dice: no es tu tiempo, es mi tiempo, porque los tiempos de Dios son perfectos.

Saraí anhelaba un hijo. Porque según la costumbre de su época una mujer tenía el deber de darle hijos a su esposo a como diera lugar. Esto también fue descubierto en las tablillas de Nuzi.

Tengamos en cuenta que poca confianza puede llevarnos a tratar de cumplir el deseo de nuestro corazón por nosotros mismos en vez de esperar en Dios. Esto fue exactamente lo que sucedió a Saraí, y con frecuencia es lo que nos sucede a nosotros. No dejemos que la impaciencia nos haga intervenir erróneamente en el plan de Dios.

II. Tener un pensamiento equivocado

La segunda gran causa de errores es tener un pensamiento equivocado, en ocasiones creemos que hacemos lo correcto, pero nada más alejado de la realidad, solo estamos arruinándolo todo pensando apresuradamente sin meditar nuestras decisiones con Dios.

Al prestar oídos a la sugestión de Saraí, Abram creó para sí mismo dificultades de consecuencias muy graves, que no solo acarrearon problemas para sí mismo y su familia, sino que al intervenir en el plan de Dios produjo consecuencias que aún vivimos. Aparte de que le sobrevinieron angustias domésticas y dolores, también creó odio entre los futuros descendientes de ambas esposas. En la actualidad, cuán amargamente han luchado por la posesión de la Tierra Santa los modernos representantes de Saraí y los descendientes de Agar, los judíos y los árabes. Tanto, que han permanecido en guerra durante muchísimo tiempo, con una cantidad incontable de víctimas, algo que no ocurriría de no ser porque Abram desobedeció a Dios al seguir sus propios planes.

Pero recordemos que la decisión que Saraí toma, no era nada extraña en la época en que ellos vivían. Sara le pidió a Abraham que tuviera un hijo con su sierva Agar. Este procedimiento era legal.

Saraí creía que era infértil porque Dios había cerrado su vientre. Ella entonces, comenzó a cuestionar si las promesas de Dios, hechas a Abram la incluían a ella. Ella creía que la había dejado fuera de la promesa, esto fue la causa que la llevo a tener estos pensamientos y a tomar esa decisión.

La esterilidad era considerada entre los hebreos como un deshonor, mientras que la fecundidad era considerada como una señal especial del favor divino. Al igual que muchas personas que nacen con dificultades físicas, Saraí creía que Dios no la amaba o que la estaba castigando por algo y por eso no podía tener hijos.

Saraí estaba equivocada, porque la promesa si la incluía ella, pero su pensamiento equivocado la impaciento y la hizo adelantarse a Dios. Y su impaciencia la llevo a tramar una conspiración que tendría consecuencias catastróficas y provocaría un dolor insoportable y problemas para todo el mundo. Saraí al no comprender el plan de Dios trazó su propio plan basado en las leyes de los hombres y no en las leyes divinas.

Elena de White también confirma este pensamiento cuando escribió: "El casamiento de Abrahán con Agar fue un mal, no sólo para su propia casa, sino también para las generaciones futuras." (P.P)

Si nuestras acciones por mejor intencionadas que estén, no están de acuerdo al plan de Dios y su ley, entonces sin importar si deseamos ayudar a Dios, lo que estamos haciendo en un error.

En una ocasión conocí un hermano que daba estudios bíblicos diciendo mentiras, le gustaba causar miedo, asustar a las personas e infundirle terror porque según él: "así se bautizaban más rápido" Les hablaba del chip en la mano, y de muchas otras doctrinas que sabemos que no son bíblicas. Nosotros sabemos mediante el estudio de la biblia que la marca de la bestia no es ningún microchip y sabemos que el sello de los hijos de Dios es tener la fe de Jesús y obedecer su ley. Este hermano creyó que le funcionaba, pero estaba rechazando la ley de Dios al decir mentiras, sin importar las mejores que fueran sus intenciones.

Algunas personas se bautizaban, pero al rato se les pasaba el susto o se daban cuenta que les mintieron y en lugar de abrazar a Dios y la sana doctrina, cerraban más su corazón al Espíritu Santo.

Sigamos el plan de Dios y seamos fieles a sus mandamientos para que su obra se cumpla en nuestras vidas y la de nuestros seres amados, la experiencia me ha enseñado que ningún hermano que ha intentado hacer las cosas a su manera en lugar de seguir el modelo de Cristo dura mucho en la iglesia.

III. Seguir un consejo carnal y mundano

La tercera y última causa es seguir un consejo carnal y mundano.

Está más que claro que el consejo carnal de Saraí a su esposo le trajo mucho dolor, casi de forma inmediata.

Elena de White menciona: "que Agar, [la sierva que la misma Saraí había dado a su esposo], halagada por el honor de su nueva posición como esposa de Abrahán, y con la esperanza de ser la madre de la gran nación que descendería de él, se llenó de orgullo y jactancia, y trató a su ama con menosprecio. Los celos mutuos perturbaron la paz del hogar que una vez había sido feliz." (P.P)

Un Consejo o sugerencia carnal y mundana puede llevarnos a impacientarnos. A adelantarnos y actuar antes de tiempo. A adoptar algún método mundano y carnal ideado por los incrédulos en vez de esperar en Dios.

Entonces Saraí recurre a una de las prácticas más comunes en aquella época. Por las tablillas de Nuzi, se sabe que la poligamia se permitía por la alta mortalidad infantil y por la escasez de maridos debido a la guerra. Después Dios prohibió esta práctica como lo vemos en (Levíticos 18:18).

Pero la poligamia fue un mal que se arraigó durante largos siglos y era una práctica muy común en los habitantes Canaán. El método ideado humanamente de Saraí. Su plan mundano y carnal, bajo ningún concepto podía cumplir la voluntad y promesa hecha por Dios, de enviar la Simiente prometida y de salvar al mundo.

Su consejo no solo trajo consecuencias a su

marido, también a ella misma, ya que tenía que sufrir humillaciones de la mujer que ella mismo invito a involucrarse en su matrimonio.

Esto no significa que nadie pueda aconsejarte o que tu no puedas aconsejar a otra persona. Significa que todo consejo cristiano debe estar en orden con las sagradas Escrituras. Siempre que Jesús aconsejaba usaba un "escrito está" porque nuestro primer consejero siempre debe ser Dios a través de su palabra.

Conclusión

La impaciencia conlleva al desmoronamiento de la fe y la longanimidad. Abram llevaba mucho tiempo andando con el Señor, aproximadamente 10 años. Poco antes de este suceso Dios le había dado a Abraham una visión gloriosa de sí mismo y de sus promesas. Pero la impaciencia de Saraí predomino y motivo a Abraham a cuestionar si, quizá ella pudiera tener razón.

Las decisiones en la vida traen como resultado consecuencias terribles. Fe y paciencia desmoronadas.

La impaciencia nos lleva a hacernos cargo nosotros mismos de los asuntos y hacer lo que nos place, trae a nuestra mente pensamientos malos que nos hacen dudar de las promesas imperecederas de Dios, nos rendimos ante el mundo y sus hábitos carnales y practicamos sus mismas impurezas y terminamos haciendo y diciendo cosas que se oponen totalmente a la voluntad de Dios.

Llamado:

Querido hermano que me escuchas, *"Toda buena*

dádiva, y todo don perfecto es de lo alto, que desciende del Padre de las lumbres, en el cual no hay mudanza, ni sombra de variación." (Santiago. 1:17, JBS).

Dios nunca cambia y sus promesas son eternas. ¿Quieres permitir que sea el quien dirija tu vida, que haga su voluntad en ti, que termine esa buena obra que ha comenzado en tu vida?

Cuando la impaciencia toque a tu mente tú puedas confiar plenamente en esas poderosas y alentadoras palabras: ``Porque yo sé los planes que tengo para vosotros --declara el Señor - ``planes de bienestar y no de calamidad, para darnos un futuro y una esperanza. ¿Anhelas que el plan que Dios tiene para ti, sea hecho en tu vida?

UN NUEVO COMIENZO

Texto: Genesis 29:1-8

Introducción

Recuerdo ver películas o escuchar historias sobre gemelos y me preguntaba ¿que se sentirá tener un hermano gemelo?, ¿Qué tu hermano que naciera el mismo día que tú? ¿Saben ustedes que por su condición de compartir tiempo en el vientre de su madre y al criarse juntos en las mismas etapas del desarrollo mental, los gemelos o mellizos suelen ser más unidos que otros hermanos?

Es normal que los hermanos sean unidos, pero es diferente cuando les gusta hacer las mismas cosas por su edad mental. Si tu hermano es varios años mayor que tú, no pasa lo mismo, los gemelos van al mismo colegio, asisten al mismo curso, hacen los mismos amigos, y aunque cada uno desarrolle una personalidad, tienen muchas cosas en común aparte de su apariencia.

Así que debió ser muy duro para Jacob y Esaú, porque desde el principio fueron muy distintos, uno era peludo y el otro lampiño, uno era fuerte y el otro más astuto, uno era el consentido de su padre y se lo llevaba a cazar y el otro al otro lo mandaban a la cocina con su mamá.

Jacob era el hermano mellizo de Esaú, hijos de Isaac y Rebeca, nietos de Abraham y Sara, pero Jacob era consciente de que su hermano era el primogénito, aunque fuera por un minuto. Esaú era el preferido de Isaac y su padre no lo ocultaba en lo más mínimo, porque Isaac se centraba únicamente en el legado de la promesa que Dios le hizo a su Padre Abraham y que a su vez le heredó a él y lo único que quería era heredarle la promesa y las bendiciones de Dios a su hijo preferido Esaú.

Iniciaremos esta historia en (Genesis 29:1) "Jacob continuó su viaje y llegó a la tierra de los orientales."

¿Por qué Jacob estaba lejos de su casa?, ¿Por qué necesitaba un nuevo comienzo en su vida?, en otro lugar, con otras gentes, una cultura diferente, posiblemente las gentes que vivían en este lugar, eran personas que adoraban otros dioses.

La respuesta a todas estas preguntas es que Jacob huía de su hermano Esaú, porque le había robado la bendición que su padre le daría a él por ser el primogénito. Se la cambió a su hermano por un plato de lentejas y luego se hizo pasar por su hermano aprovechando que su padre estaba prácticamente ciego.

La arqueología bíblica ha hecho descubrimientos con relación a la realidad e importancia que tenía la primogenitura en tiempos antiguos. Por ejemplo: pareciera absurdo que Esaú cambiara su primogenitura por un plato de lentejas. Pero en esos tiempos esto era creíble y legal.

Según los descubrimientos realizados en las tablillas encontradas en la ciudad de Nuzi, se encuentra un registro de la venta que hizo Tupkitilla a su hermano Kurpazah de sus derechos de herencia de una arboleda por tres ovejas. De manera que esta práctica se desarrolló en un contexto donde no era desconocida.

También se han encontrado hallazgos acerca de la bendición que Jacob recibió por medio de su padre, aunque esta era una bendición verbal, esta no podía anularse, porque una promesa o un testamento verbal tenía un gran peso legal.

En las tablillas de Nuzi aparece el registro de un pleito, en el que el joven Tarmiya ganó frente a dos hermanos suyos, que querían impedirle que tomara como esposa a una mujer llamada Zululishtar. Los jueces fallaron a su favor al establecer que su padre Huya se la había otorgado formalmente en una declaración oral solemne. De manera que los testamentos orales eran tenidos por válidos y vinculantes.

Pero el hecho de que legalmente tuviera la razón, no significaba que no temiera por su propia vida, Esaú era un hombre grande, fornido, acostumbrado al trabajo duro, con mucha barba y pelo por todas partes. Esaú debería parecer como un oso a ojos de Jacob, por eso tenía miedo de que la ira se hermano y lo que le haría en venganza.

Estos son los acontecimientos por los que ahora Jacob se encontraba lejos de su hogar, y anhelante de formar una nueva vida en un lugar donde su hermano no pudiera alcanzarlo.

Era consciente de que a pesar que legalmente compró la primogenitura de su hermano, es posible que este lo habría visto más como un juego que como un negocio real y la forma en que consiguió que se cumpliera el trato tampoco fue reclamarle como su derecho sino por métodos que utilizaría un ladrón, porque su padre jamás habría estado de acuerdo en aquel intercambio.

Así que engañó a su padre, con astucia había logrado despojar a su hermano de la primogenitura. Y huyendo de su abrumador pasado, llega en busca de rehacer una nueva vida. En este día quiero que juntos emprendamos un viaje donde descubriremos 3 consejos que nos ayudaran a encontrar la dicha de tener un nuevo comienzo en la vida.

Desarrollo

1. Primer consejo

El primer consejo es ir en la dirección correcta.

Jacob comenzó una nueva vida después de su encuentro con Dios. Cuando Jacob esta de camino en busca de su parentela, la familia de su madre. Le ocurrió un suceso muy importante, que le cambio la vida, y encontró la dirección correcta que debía seguir.

(Genesis 28: 10-13) "Salió, pues, Jacob de Beerseba, y fue a Harán. [11]Y llegó a un cierto lugar, y durmió allí, porque ya el sol se había puesto; y tomó de las piedras de aquel paraje y puso a su cabecera, y se acostó en aquel lugar. [12] Y soñó: y he aquí una escalera que estaba apoyada en tierra, y su extremo tocaba en el cielo; y he aquí ángeles de Dios que subían y descendían por ella. [13] Y he aquí, Jehová estaba en lo alto de ella, el cual dijo: Yo soy Jehová, el Dios de Abraham tu padre, y el Dios de Isaac; la tierra en que estás acostado te la daré a ti y a tu descendencia."

Dios se aparece ante Jacob y reafirma que es el heredero de la bendición de Abraham su abuelo y de su padre Isaac, Dios estaba dándole su aprobación. Literalmente, Jacob se levantó y fue con alegría por lo sucedido en la noche precedente. Fortalecido así en espíritu, Jacob prosiguió su viaje a "la tierra de los orientales" como indica (Genesis 29:1), que en este caso se refiere a la alta Mesopotamia, al este del río Éufrates. El término también incluye la parte superior del desierto de Arabia. En la Biblia, "los orientales" son los moradores de la Mesopotamia o del desierto de su proximidad inmediata.

Dios quien guio a Jacob a ese lugar en su infinita sabiduría para el cumplimiento de sus sabios propósitos. Como quiera que sea, nos damos cuenta que ciertamente, Dios estaba guiando a Jacob en toda esta experiencia, incluyendo el lugar donde habría de pasar la noche.

(Gen. 28:18) "se levantó Jacob de mañana, y tomó la piedra que había puesto de cabecera, y la alzó por señal, y derramó aceite encima de ella." Cuando Jacob tiene el encuentro con Dios, él pone una señal y le coloca un nombre a ese lugar. A esta acción se le conoce también como alzar una Estela. Muchas antiguan estelas se han encontrado en Palestina, como, por ejemplo, las cuatro de Lejjún, en Transjordania, por lo que se ve que tal era la costumbre muy usual en aquellos tiempos. Las estelas se erigían para conmemorar un acontecimiento importante, una manifestación divina o una victoria militar, así como para solemnizar un voto o un convenio y para recordación de algún antepasado o persónale difunto.

La hermana Ellen G. White también confirma esto cuando escribió en el libro de los Patriarcas y Profetas: "Siguiendo la costumbre de conmemorar los acontecimientos de importancia, Jacob erigió un monumento a la misericordia de Dios, para que siempre que pasara por aquel camino, pudiese detenerse en ese lugar sagrado para adorar al Señor. Y llamó aquel lugar Betel; o sea, "casa de Dios. (PP, 62)

Este acontecimiento marco tanto la vida de Jacob, que le cambio el rumbo. Vagaba solo sin esperanza con una conciencia culpable. Pero la manifestación de la Deidad le mostro su futuro, le recordó que pertenecía a esa simiente prometida. Y que Dios estaría con él siempre.

2. Segundo consejo

El segundo consejo es buscar una nueva familia.

¿Cómo una nueva familia? Si, es necesario para nosotros buscar nuestra nueva familia, la familia de Dios, la familia de la iglesia; y es necesario buscarlos con diligencia. Necesitamos su fraternidad, ayuda y aliento; y es necesario unirnos a ellos en su estudio de la Palabra de Dios y en su servicio y testimonio al Señor

(Genesis 29: 4 -5) "[4] Y les dijo Jacob: Hermanos míos, ¿de dónde sois? Y ellos respondieron: De Harán somos. [5] El les dijo: ¿Conocéis a Labán hijo de Nacor? Y ellos dijeron: Sí, le conocemos. [6] Y él les dijo: ¿Está bien? Y ellos dijeron: Bien, y he aquí Raquel su hija viene con las ovejas."

Cuando Jacob se encontró con los siervos que cuidaban las ovejas, la primera pregunta que hizo fue si conocían a Lavan. Ellos le dijeron que sí, y que su hija

Raquel era la que se aproximaba, cuando Raquel estaba cerca, Jacob no dudo en acercarse a ella.

Aunque era una conducta inusual, estando tan emocionado Jacob corrió hacia ella. estando cerca de Raquel, la besa. Era la costumbre de la época que los miembros de la familia se saludaran con un beso.

(Genesis 29: 11-12) "Y Jacob besó a Raquel, y alzó su voz y lloró. [12] Y Jacob dijo a Raquel que él era hermano de su padre, y que era hijo de Rebeca; y ella corrió, y dio las nuevas a su padre."

Al enterarse, su tío Labán corrió a encontrarse con Jacob, lo abrazó y lo beso repetidas veces.

Imagínese la emisión de un nuevo creyente arrepentido que hace un nuevo compromiso con el Señor y siente que en la iglesia encuentra una nueva familia.

La vida que se inicia en Cristo es de continuo caminar y de subir por una escalera, si nos hacemos expertos en el arte de subir, aprenderemos que a medida que ascendemos debemos abandonar todo estorbo. Los que suben deben afirmar bien los pies en cada peldaño de la escalera

Hagamos de las iglesias más que un grupo de personas con las que me veo los sábados y saludo porque es la costumbre, hagamos que cuando nos llamamos "hermanos" sea más que una tradición vacía, que signifique que realmente somos una familia.

3. Tercer consejo

El tercer consejo es atender a las señales y ser diligente.

Mientras esperas la señal de Dios, nuestra labor no es quedarnos sentados esperando el llamado, es prepararnos para ese momento, debemos ser diligentes, trabajadores, responsables y así estar listos para el momento crucial.

La hermana Ellen G. White escribió: "Aunque llegó sin herencia ni acompañamiento, pocas semanas bastaron para mostrar el valor de su diligencia y habilidad, y se le exhortó a quedarse. Convinieron en que serviría a Labán siete años por la mano de Raquel."

Jacob en su deseo de hacer lo correcto y obedecer a Dios aplicó una buena estrategia, su secreto estuvo en mantenerse ocupado, se ofrece a trabajar diligentemente por Raquel, de quien se enamoró profundamente desde que la miro por primera vez.

"En los tiempos antiguos era costumbre que el novio, antes de confirmar el compromiso del matrimonio, pagara al padre de su novia, según las circunstancias, cierta suma de dinero o su valor en otros efectos. Esto se consideraba como garantía del matrimonio." (PP, 187).

Jacob amaba sinceramente a Raquel, y no le importo el tiempo que tenía que esperar por obtener lo que realmente deseaba. Cuando en el camino nos enamoramos de Dios, aprendemos a esperar en Él.

¿Cuántos realmente están dispuestos a luchar tantos años por obtener la recompensa?

Muchos se desaniman al no ver resultados inmediatos, quieren que todo sea fácil, rápido, sin dolor, sin problemas, pero hay un dicho muy famoso "lo bueno cuesta" y no se refiere al dinero, se refiere a que las cosas importantes se consiguen con esfuerzo y dedicación, solo lograrán la dadiva de la vida eterna aquellos que no desfallezcan en el camino, los que sean constantes y a pesar del tiempo y las dificultades sigan de pie en la lucha.

Conclusión

Jacob en su vida cometió muchos errores, mintió y engaño a su padre y a su hermano. Pero un encuentro con Dios le cambio totalmente su vida. Encontró lo que estaba buscando, su corazón se llenó de gozo y esperanza al saber que Dios le estaba buscando para hacer un pacto con él, marcarle el comienzo de una nueva vida, y Jacob encontró el secreto para alcanzar esa nueva vida.

Dios desea guiar tu vida por sendas de paz, él puede borrar todo tu pasado y escribir un presente victorioso, lleno de logros, darte una familia donde puedas encontrar el amor y compañerismo que estabas buscando y en el camino de este viaje, prepararte, hacerte apto y diligente, atento a su voz y dispuesto a seguir a pesar de las adversidades.

Si Dios no actúa en nuestras vidas es porque no se lo permitimos, porque estamos dándole la espalda a su llamado y concentrados en nuestras propias ambiciones, si realmente queremos tener un nuevo comienzo, hacer las cosas bien, borrar nuestras fallas, debemos dejar que sea el Señor quien guie nuestros pasos con su infinita sabiduría, Encontrar una nueva familia en Cristo y apoyarnos en ellos, una carbón solitario se apaga, pero si permanece en la hoguera junto a otros carbones encendidos, ninguno se apagará. Por último, hay que se diligentes, estar listos para las señales de Dios y estar preparados para atender a su llamado.

Llamado

Desde que la primera pareja peco. Dios ha estado buscando medios para atraerte hacia él. El desea llevarte a su seno de amor. Ha hecho de todo, dio a su propio hijo para crear un puente por medio del cual puedas llegar hacía, Dios está a la puerta, llamándonos, es responsabilidad nuestra atender a ese llamado.

¿Deseas hoy permitir que él sea él sea tu guía y te conduzca a una nueva vida donde encontraras gozo, paz y tranquilidad en los tiernos brazos de tu Creador?

DIOS NO MIRA LA APARIENCIA

Texto: Josué 2

Introducción

Cuando leo las historias bíblicas trato de imaginar la historia como si fuera una película en mi mente, ese me ayuda a comprender mejor y hay momentos que me hubiera encantado presenciar. Al menos en mi mente se ven espectaculares, y siempre me pregunto qué pasaría por la mente de las personas que presenciaban con sus propios ojos las maravillas que Dios hacía con su pueblo, como abrir el mar rojo en dos, o la caída de los muros de Jericó.

Los israelitas sabían lo que pasaría cuando terminaron de dar las siete vueltas y tocaron las trompetas, pero definitivamente las personas de Jericó no esperaban que sus gloriosos muros de los cuales se sentían tan orgullosos calleras sin que se les diera un solo golpe y toda su ciudad fuera destruida ese mismo día.

Jericó ha sido intensamente excavada, hasta el extremo de que ya no queda prácticamente ninguna porción estimable sin remover. Sus primeros excavadores fueron los investigadores alemanes Sellin y Watzinger, que trabajaron allí entre1908 y 1910. Luego se realizó otra entre 1930 y 1936, una expedición inglesa dirigida por el profesor John Garstang, la cual llevó a cabo ulteriores excavaciones, que dieron como resultado unos descubrimientos de enorme importancia.

Se supo tras las excavaciones que la ciudad había sido fundada a finales de la Edad de Piedra, antes de la invención de la cerámica, lo que hacía de Jericó la ciudad más antigua de toda la Palestina excavada hasta aquel momento. (Arqueología Bíblica, 104)

Ellen White dijo en la historia de los patriarcas y profetas: "Una de las mayores fortalezas de la tierra, la grande y rica ciudad de Jericó, se hallaba frente a ellos... esta ciudad orgullosa, cuyos palacios y templos eran moradas del lujo y del vicio...Jericó era una de las sedes principales de la idolatría" (PP 463)

Fue en este baluarte del mal donde se encontró la primera conquista de Canaán, pero, aunque era una ciudad infestada de idolatría y rechazo al pueblo de Dios, en Jericó vivió un personaje muy famoso en la biblia, Rahab la ramera, y si se preguntan ¿Por qué es tan famosa? No aparece en tantos versículos como otros personajes. Es muy sencillo, así que les explicaré, nuestros primer apellido, a menos que sea un evento inusual, es el primer apellido de nuestros padre, y a su vez ellos lo heredaron de sus padres y el apellido de las mujeres se va perdiendo en los nietos que ya no lo tienen ni de segundo apellido, eso mismo pasa en prácticamente todas las culturas, y en la cultura hebrea que no poseían apellidos era peor, porque las personas usaban el nombre de su padre prácticamente como apellido, por ejemplo,

Isaac hijo de Abraham, o Jacob hijo de Isaac. Pero cuando revisamos la genealogía de Jesús, en el evangelio según Mateo inicia igual "Abraham fue padre de Isaac, Isaac fue padre de Jacob y Jacob de Judá" (Mateo 1:2), pero luego ocurre algo muy curioso, se menciona a Tamar, esposa de Judá y la madre de Fares (Mateo 1:3), se menciona a Rut la madre de Obed y esposa de Booz (Mateo 1:5) y también a una tercera mujer, a Rahab esposa de Salmón y madre de Booz, así que miren como todo se conecta, Rahab, la ramera de la que se habla en Josué, fue suegra de Rut, del libro de Rut y bisabuela del Rey David y por lo tanto antepasado directo de Jesús.

¿Cómo una ramera de un pueblo idolatra termino siendo parte de la genealogía de Jesús? Pues, mucho tiempo aun de caer la primera muralla ya, Rahab la ramera había sido conquistada por la fe de los hebreos y ella dio muestra de su fe, por eso todos sus pecados fueron perdonados y ella y su familia fueron los únicos sobrevivientes de Jericó, Dios limpió a Rahab de tal manera que no sintió vergüenza en decir que ella hizo parte de la familia de Jesús. En este día quiero compartir con ustedes 5 cualidades de la fe de Rahab.

Desarrollo

I. Una fe Valiente

(Josué .2:1-7) *"Luego Josué hijo de Nun envió secretamente, desde Sitín, a dos espías con la siguiente orden: «Vayan a explorar la tierra, especialmente Jericó». Cuando los espías llegaron a Jericó, se hospedaron en la casa de una prostituta llamada Rajab. [2] Pero el rey de Jericó se enteró de que dos espías israelitas habían entrado esa noche en la ciudad para reconocer el país. [3] Así que le envió a Rajab el siguiente mensaje: «Echa fuera a los hombres que han entrado en tu casa, pues vinieron a espiar nuestro país».*

[4] Pero la mujer, que ya había escondido a los espías, le respondió al rey: «Es cierto que unos hombres vinieron a mi casa, pero no sé quiénes eran ni de dónde venían. [5] Salieron cuando empezó a oscurecer, a la hora de cerrar las puertas de la ciudad, y no sé a dónde se fueron. Vayan tras ellos; tal vez les den alcance». [6] (En realidad, la mujer había llevado a los hombres al techo de la casa y los había escondido entre los manojos de lino que allí secaba). [7] Los hombres del rey fueron tras los espías, por el camino que lleva a los vados del río Jordán. En cuanto salieron, las puertas de Jericó se cerraron."

Tanto hebreos como Santiago nos dicen que Rahab había puesto su fe en Jehová.

Rahab era la única persona en Jericó que creía en el Dios de Israel y Dios condujo a los espías directamente a ella. Escritores judíos y algunos comentadores protestantes han procurado mostrar que Rahab era tan sólo la dueña de una posada. Pero ni la palabra hebrea zonah ni su equivalente griego en la LXX permiten tal interpretación. Su uso en todo el antiguo testamento, indica que la palabra señala a una mujer de "mala vida". Así lo era, o lo había sido, y a la casa de tal persona los espías podían entrar en busca de alimento y alojamiento, sin llamar tanto la atención como en un lugar más público.

Es extraordinario como Dios, en su gracia, utiliza a personas de quienes nosotros jamás pensaríamos que pudieran ser sus servidoras. Rahab puso su vida en peligro cuando albergo y escondió a los espías, pero esa fue en sí misma una prueba de su fe en el señor, y ella revelo una fe valiente.

La hermana Ellen White comenta: "Los habitantes de Jericó conocían todos estos acontecimientos, y eran muchos los que, aunque se negaban a obedecerla, participaban de la convicción de Rahab, de que Jehová, el Dios de Israel, era "Dios arriba en el cielo y abajo en la tierra. " (PP 464)

Rahab desafió directamente las órdenes del rey y de los soldados, si encontraban a estos espías en su casa, ella sería ejecutada junto a ellos por traición, pero a pesar de no cocerlos y de no pertenecer al pueblo de Dios, Rahab creyó en el testimonio de las maravillas que el Señor había hecho y puso su fe en Dios.

II. Una fe confiada

(Jos. 2:8-11) *"Antes de que los espías se acostaran, Rajab subió al techo* [9] *y les dijo:*

—Yo sé que el Señor *les ha dado esta tierra, y por eso estamos aterrorizados; todos los habitantes del país están muertos de miedo ante ustedes.* [10] *Tenemos noticias de cómo el* Señor *secó las aguas del Mar Rojo para que ustedes pasaran, después de haber salido de Egipto. También hemos oído cómo destruyeron completamente a los reyes amorreos, Sijón y Og, al este del Jordán.* [11] *Por eso estamos todos tan amedrentados y descorazonados frente a ustedes. Yo sé que el* Señor *y Dios es Dios de dioses tanto en el cielo como en la tierra."*

La fe de Rahab no solo la hacía valiente, sino que ella estaba plenamente confiada. Confiaba en que el Dios de Israel era el Dios verdadero y estaba dispuesta a poner su vida en riesgo, sabía que Dios vería sus acciones con buenos ojos y la libraría de todo mal, tenía absoluta confianza en la salvación.

Wiersbe escribió: "Como el informe acerca del poder del Señor había llegado a oídos de la gente de Canaán, ellos estaban atemorizados." La arqueología nos da información detallada e interesante sobre este aspecto. "En Tell (montículo) El Amarna, Egipto, fueron descubiertas casi 400 tablillas de arcilla escritas en cuneiforme por ambos lados, las cuales datan entre el 1400 a.C y 1,360 a.C, y consistían en cartas dirigidas a la corte egipcia procedentes de cananeos que pedían ayuda debido a invasiones que estaban sufriendo."

Ante estos datos podemos admirar mejor la fe confiada de Rahab ella exclamo: "Jehová vuestro Dios es Dios arriba en los cielos y abajo en la tierra" (v. 11)

Ellen White escribió sobre este asunto:" Todos los habitantes de la ciudad, con toda alma viviente que contenía, "hombres y mujeres, mozos y viejos, hasta los bueyes, y ovejas, y asnos" fueron pasados a cuchillo. Sólo la fiel Rahab, con todos los de su casa, se salvó, en cumplimiento de la promesa hecha por los espías". (PP 464)

Fue una gran confesión de fe de labios de una mujer cuya vida había estado aprisionada en la pagana idolatría y que manera maravillosa de recibir la recompensa a su fidelidad, Rahab no temía la destrucción como el resto de personas en Jericó, ella con toda su fe confiaba en que cumpliría su promesa.

III. Una fe Preocupada

(Jos. 2:12-14) *"Por lo tanto, les pido ahora mismo que juren en el nombre del* Señor *que serán bondadosos con mi familia, como yo lo he sido con ustedes. Quiero que me den como garantía una señal* [13] *de que perdonarán la vida de mis padres, de mis hermanos y de todos los que viven con ellos. ¡Juren que nos salvarán de la muerte!*

[14] *—¡Juramos por nuestra vida que la de ustedes no correrá peligro! —contestaron ellos—. Si no nos delatas, seremos bondadosos contigo y cumpliremos nuestra promesa cuando el* Señor *nos entregue este país."*

Rahab quería que los dos espías le aseguraran que cuando la ciudad fuera tomada, ellos garantizarían la inmunidad de su familia. Los hombres le dieron esa garantía de dos maneras: dieron su palabra y prometieron con sus vidas que no romperían su palabra, al igual que Jesús nos prometió la salvación si le aceptamos.

La historia de Rahab nos enseña que no solo basta con conocer el mensaje de salvación, es necesaria que nuestra fe nos lleve a preocuparnos por nuestra condición, preocuparnos por alcanzar la salvación y no simplemente relajarnos en la comodidad del mundo, preocuparnos también por la salvación de nuestros seres amados.

Los espías advirtieron a Rahab que no debía dar ninguna información a nadie en la ciudad aparte de los miembros de su familia, esto nos lleva a la última cualidad de su fe.

IV. Una fe pacto

(Jos. 2:17-21) *"Los hombres le dijeron a Rajab: Quedaremos libres del juramento que te hemos hecho [18] si, cuando conquistemos la tierra, no vemos este cordón rojo atado a la ventana por la que nos bajas. Además, tus padres, tus hermanos y el resto de tu familia deberán estar reunidos en tu casa. [19] Quien salga de la casa en ese momento será responsable de su propia vida, y nosotros seremos inocentes. Solo nos haremos responsables de quienes permanezcan en la casa si alguien se atreve a ponerles la mano encima. [20] Conste que, si nos delatas, nosotros quedaremos libres del juramento que nos obligaste hacer.*

[21] —De acuerdo —respondió Rajab—. Que sea tal como ustedes han dicho.

Luego los despidió; ellos partieron, y ella ató el cordón rojo a la ventana."

Tenemos que entender que un pacto es sencillamente un acuerdo, un contrato con ciertas condiciones que ambos deben cumplir. Antes de salir de la casa de Rahab, los dos espías reafirmaron el pacto que habían hecho con ella. Le dijeron que colgara un cordón de color escarlata en la ventana de su casa que estaba construida en el muro.

Nuevamente la arqueología nos ayuda a comprender mejor este texto. "Jericó tenía dos muros de nueve metros de altura, que corrían casi paralelos, estaban construidos de ladrillos secos al sol, de unos 10 centímetros de espesor y de 60 a 90 centímetros de largo.

El muro interior tenía un espesor de aproximadamente 3 metros y medio. El muro exterior tiene como 1,82cm de espesor. El espacio entre los muros varía entre 4 y 8 metros y se encuentran unidos a intervalos periódicos por paredes de ladrillo.

Si la casa de Rahab estaba en la muralla de Jericó. ¿Porque no se derrumbó su casa cuando cayó la muralla?

La respuesta es que arqueólogos alemanes realizaron algunas excavaciones y descubrieron una sección de la parte baja de la muralla que no cayó como lo había hecho el resto. La pared del lado norte se mantiene conservada. Toda la muralla fue destruida menos la parte donde se encontraba la casa de Rahab.

La sección que aún está en pie era de casi 2.5 m de alto con casas que estaban construidas contra ella, aun intactas. Estas casas estaban situadas entre las murallas superiores e inferiores de la ciudad, por eso se dice que estaban "en la muralla".

Ya que la muralla inferior también constituía la pared de fondo de las casas, una abertura (o ventana) en la muralla hubiera provisto una ruta de escape para los espías.

Rahab mantuvo su parte del pacto con los espías del pueblo de Dios, y el Señor cumplió su parte del pacto, salvándola a ella y a toda su familia, mientras todo Jericó fue destruido ese día, La fe de Rahab la salvó porque el Señor es un Dios de pactos y no nos falla.

Conclusión

Rahab fue una mujer muy valiente. Tuvo que hablar con todos sus parientes acerca del juicio que vendría y de la promesa de salvación, al hacerlo revelo las cualidades de su fe: una fe valiente, una fe confiada, una fe preocupada y una fe de pacto. Por esta fe ella fue salva y su familia también, ella fue la primera conquista en la tierra de Canaán, y su maravillosa fue es de tal envergadura que ahora está en el salón de los héroes de la fe, sus pecados fueron perdonados, a pesar de ser extranjera fue acogida como parte del pueblo escogido de Dios, y recordada como un ejemplo a seguir.

Dios no nos juzga por nuestro pasado, por nuestros errores, si tenemos fe y nos arrepentimos, si mostramos las cualidades de Rahab seremos salvos porque Dios tiene los brazos abiertos para recibirnos.

Llamado

¿Quieres tu querido hermano una fe como esta?, hay nuevos muros que derribar, y vidas que salvar, Dios solo te pide que tengas fe, una fe como la de Rahab, recuerda que su sangre tiene poder para limpiarte de todos tus errores, su gracia viene a tu vida no tomando en cuenta tu pecado, ¿quieres en este día pedir al señor una fe como la de Rahab? yo te invito a que juntos oremos y reafirmemos nuestro pacto con el Señor.

EL DÍA DE LA LIBERACIÓN

Texto: Éxodo 2: 21-25

INTRODUCCIÓN

Una práctica muy común en el cristianismo es dejar que nuestro conocimiento de la biblia no venga de la palabra de Dios sino de los que nos cuentan los demás. Escuchar predicas nos ayuda a entender mejor las escrituras, pero no por eso debemos de dejar de leer la biblia. Este problema causa que las personas de forma general crean en cosas que la biblia no dice, como que el fruto del Edén era una manzana, que en el arca solo entraron solo dos de cada especia, cuando (Genesis 7: 2) dice: "De todo animal limpio tomarás siete parejas, macho y su hembra". Otro mito muy famoso es que el faraón en tiempos de Moisés era Ramsés, pero la biblia jamás dice que se llamara así, pero es un mito muy famoso.

Con respecto a la salida del pueblo de Israel de Egipto Hay dos teorías principales:

Una, conocida como la fecha temprana, lo coloca en el 1445 a.c. en el reinado del Faraón Amenhotep II. La otra teoría, conocida como la fecha tardía lo pone en 1290 a.c.

bajo el reinado de Ramsés II. Y es basados en esta teoría, la cuál que se popularizó mucho hace varios años, es que se creó el mito de que Ramsés era el Faraón de las plagas de Egipto.

En (Jueces 11:26) Jefte se declara que Israel ocupó Transjordania desde hacía 300 años. Jefté vivió alrededor del 1100 a.C., lo que indicaría que la conquista de Canaán se produjo alrededor de los años1400, que es la fecha propuesta por la teoría del éxodo temprano, es decir, la del Faraón Amenhotep II.

Los reyes egipcios tenían varios nombres; pero en Génesis y Éxodo solo se usa el título real, Faraón, que significa, "gran casa". Un nombre que aparece dos veces es Ramsés, lo cual ayudo a que este mito aumentara, pero cuando la biblia habla de Ramsés no se refiere al nombre del faraón de Egipto.

En Éxodo Ramsés es una de las dos ciudades depósito edificadas por los israelitas, como se deja claro en (Éxodo 1:11) "Fue así como los egipcios pusieron capataces para que oprimieran a los israelitas. Les impusieron trabajos forzados, tales como los de edificar para el faraón las ciudades de almacenaje Pitón y Ramsés." y nuevamente en (Genesis 47:11) se nos dice: "José instaló a su padre y a sus hermanos, y les entregó terrenos en la mejor región de Egipto, es decir, en el distrito de Ramsés, tal como lo había ordenado el faraón." Siempre que se usa el Nombre Ramsés en la biblia se habla de la ciudad, no del famoso faraón.

En 1887 se encontraron aproximadamente 350 tabletas en la ciudad egipcia de Tell el –Amrna. Estas cartas, de dirigentes de ciudades en Palestina y Siria, fueron escritas al faraón Amenhotep III, quejándose de un grupo de personas, llamadas "habiru", que habían invadido la tierra. Siendo que los dos faraones gobernaron de c 1400-1360 a.C., y siendo que la palabra "habirú" es similar a "hebreos", es tentador conectar a los dos, e interpretar a las cartas de Amarna como evidencias de la conquista bajo Josué; pero hay problemas con esta teoría.

La palabra "habirú", o "Apirú", es usada para describir a soldados, mercenarios y esclavos en varios países del antiguo Medio Oriente. Además, hay referencias a los habirú en textos de la Mesopotamia, Egipto, además de los de Amarna. Y no pareciera haber relación entre estos habirú y los hebreos, y los eruditos en general creen que era un grupo social y no étnico.

Las actividades de los habirú en Canaán no concuerdan mucho con las informaciones de Josué.

Así que en este estudio vamos a analizar tres aspectos de la liberación de Israel del yugo de Egipto.

Desarrollo

I. DIOS PREPARA A UN LIBERTADOR

Conocemos la historia de Moisés, un hebreo que se salvó porque fue encontrado y adoptado por la higa del faraón, luego por matar accidentalmente a un egipcio al no soportar el maltrato a los pobres esclavos de Israel, huyó al desierto y en tierras de Madián donde conoció a un sacerdote.

(Éxodo 2: 21-22) *"Moisés convino en quedarse a vivir en casa de aquel hombre, quien le dio por esposa a su hija Séfora.* [22] *Ella tuvo un hijo, y Moisés le puso por nombre*

Guersón, pues razonó: «Soy un extranjero en tierra extraña».

Moisés entonces regresa a Egipto cuando el faraón murió, la vida de Moisés fue una vida de sufrimiento y de dolor siendo el heredero de la corona o podemos decir el próximo rey de Egipto. Él renuncio a todo por la gloria eterna, él despreció los tesoros terrenales por alcanzar el tesoro celestial

Dios preparo a Moisés para una obra específica de liberar al pueblo de Israel de Egipto, no solo dispuso todo para que recibiera la mejor educación dentro de Egipto, siendo criado con los mejores maestros de la época, con la misma dedicación y cuidado con los que se prepara a un gobernante mundial, pero el conocimiento político, militar y de liderazgo no era suficiente para cumplir la gran tarea para la que Dios lo había escogido, es por eso que lo guio hasta Madián, donde Moisés aprendió a despegarse de todos los lujos de su infancia, de los cuidados de la casa del faraón y de la arrogancia de los egipcios. Moisés durante años trabajó duramente para subsistir, ganándose el pan con el sudor de su frente y no dando órdenes en un castillo, Moisés aprendió a servir en lugar de tener servidumbre, formó una familia y durante todo este tiempo Dios perfeccionó su carácter para que junto a sus conocimientos estuviera preparado para liberar a su pueblo.

Los israelitas necesitaban a un libertador. Así como los israelitas no podían liberarse por un esfuerzo propio o por una acción humana, nosotros no podíamos liberarnos del pecado por ninguna fuerza humana. Ambos pueblos eran incapaces de salvarse a sí mismos. Solo Jesús podía hacerlo, en ambos casos. La fecha del éxodo era el principio del año calendario para los israelitas. Para los cristianos, nuestra verdadera vida comenzó cuando Cristo entró a nuestra vida personal y fuimos liberados de la esclavitud del pecado.

El comentario Bíblico Adventista nos dice ¡Qué cambio! Con todo, 40 años pasados en las vastas extensiones del desierto hicieron de él la clase de hombre que Dios podía usar para la liberación de su pueblo de Egipto. Durante esos años, Moisés aprendió lecciones esenciales para él como dirigente de una nación rebelde. Las cualidades que Moisés desarrolló durante sus largos años de vida en el desierto a solas con Dios y la naturaleza fueron impagables, y valió la pena sufrir la soledad y humillación requeridas para ganarlas. Su historia posterior muestra que esos años no fueron perdidos, sino que, habiendo sido un alumno diligente bajo la enseñanza de Dios, se había graduado de su curso con diploma de honor.

Cuando estemos en dificultades, siempre debemos recordar que Dios escucha el clamor de su pueblo. El pueblo Israel ya tenía cuatro siglos que estaba en lugares alejados, pasó en Egipto muchos años, los sometieron a esclavitud, fueron despreciados, trabajaron muchos. Pero cuando clamaron a Dios extendió su mano para ayudar a su pueblo, a Dios nada se le olvida, se puede tardar muchas veces, pero el siempre cumple su promesa que va a estar siempre con nosotros eso es maravilloso, cada año de demora, era un año que invertía en preparar todo para el cumplimiento de su promesa.

Y eso nos lleva al segundo aspecto.

II. DIOS ESCUCHA NUESTRO LLANTO

Continuemos con el relato bíblico, para seguir con el estudio.

(Éxodo 2: 23) "[2]*Mucho tiempo después murió el rey de Egipto. Los israelitas, sin embargo, seguían lamentando su condición de esclavos y clamaban pidiendo ayuda. Sus gritos desesperados llegaron a oídos de Dios*"

Dios recuerda su pacto. El Comentario Bíblico Hispano nos dice: "...el Señor obraba. Antes de que Moisés supiera del cuidado histórico de Dios... Dios miraba al mundo y era el que lo controlaba, aunque a veces parecía que estaba ausente."

Dios obró sobre la base del pacto hecho con los patriarcas, un pacto que requería fidelidad a sus estipulaciones de parte de todos los participantes. Dios era fiel en cumplir con sus promesas. Él sabía que Israel no había cumplido su parte; sin embargo, mantuvo su acuerdo con los patriarcas.

Dios siempre mantiene su pacto con sus hijos, aunque muchas veces nos olvidamos, él no se olvida, estemos siempre atentos con lo que prometemos a Dios, porque el Señor es un Dios de pactos, somos nosotros quienes fallamos en nuestra parte. Él había hecho un pacto con Abraham y él lo recordó en el momento que lo necesitaba el pueblo de Israel.

Pero no es solo para el antiguo pueblo de Israel, el pacto de Dios también es para con nosotros.

(Jeremías 31:33) "*Este es el pacto que después de aquel tiempo haré con el pueblo de Israel —afirma el Señor—: Pondré mi ley en su mente, y la escribiré en su corazón. Yo seré su Dios, y ellos serán mi pueblo.*"

El pacto que Dios hizo con el pueblo de Israel es que él los Libraría de las egipcios y Dios lo cumplo.

Donde quiera que nos ponga la providencia de Dios, debemos desear ser útiles y tratar de serlo; y cuando no podamos hacer el bien que debemos, tenemos que estar preparados para hacer el bien que podamos.

(Éxodo 2: 24,25) "*quien al oír sus quejas se acordó del pacto que había hecho con Abraham, Isaac y Jacob.* [25] *Fue así como Dios se fijó en los israelitas y los tomó en cuenta.*"

Los oídos de Dios están prestos para escucharnos, a Dios no se le pasan por alto las cosas que nos suceden, pero el Señor no interfiere en la vida de sus hijos si no lo deseamos, tener libre albedrío también es tener la decisión de rechazar su ayuda y su intervención, el Señor solo viene a nosotros con liberación cuando su pueblo se inclina y clamemos a Él. Dios oyó el llanto del pueblo de Israel; dejó en claro que había tomado nota de sus gemidos. Él recordó su pacto, del cual nunca se olvida. Esto tuvo en consideración y no algún mérito de ellos. Él miró a los hijos de Israel y sintió dolor por el sufrimiento de su pueblo.

Moisés los miró y los compadeció, pero, ahora, Dios los miró y los ayudó.

III. DIOS CONOCE LA CONDICION DE SU PUEBLO

Es lamentable saber la condición de nosotros, como pueblo no estamos cumpliendo con las expectativas, Dios sabe cuál es nuestra condición, llevar el mensaje a toda nación es el mandato, pero nos da pereza dar estudios bíblicos, predicar, nos da pena hablar a otros del camino de la salvación, cada vez más buscamos excusas para no tener que cumplir sus mandamientos, sabemos lo que es lo correcto y aun así buscamos formas de autoengañarnos y convencernos de que estamos haciendo lo correcto, solo para evitar cumplir la voluntad de Dios, tal como lo hicieron los Israelitas, que incluso habían olvidado al Dios de sus padres.

Fiel a su pacto con Abrahán, Isaac y Jacob, Dios se acordó de su pueblo oprimido. Puesto que era el objeto de su cuidado especial, Dios obró una serie de milagros con el fin de realizar su propósito misericordioso en cuanto a ellos.

Las expresiones humanas empleadas para describir la actitud y los actos de Dios a veces pueden parecer indignas de un Ser eterno, omnisciente y omnipotente. Sin embargo, debiera recordarse que las palabras finitas, en el mejor de los casos, dan un cuadro imperfecto de la voluntad y de los caminos del Ser infinito.

Dios siempre nos ve, el salmista dijo que nosotros no podemos huir de la presencia de Dios donde tú y yo estemos allí esta nuestro creador, no estamos solos, él está con nosotros, él está atento de todo lo que pase en nuestras vidas porque es un padre amoroso, pero nos da la libertad de enfrentarnos a nuestros problemas como nosotros prefiramos, y si es nuestro deseo alejarnos de su ayuda divina Dios permanecerá con los brazos abiertos en la espera de que busquemos de él, el único que realmente puede quitar nuestras cargas y hacernos descansar en su presencia.

Dios sentía personalmente la opresión del pueblo y la compartía con ellos. Era un Dios personal que oía y se acordaba de su pacto. Era un Dios que miraba, reconocía y se preocupaba por un mundo oprimido y sufriente. También sufría Dios, y aún hoy en día, éste es el mensaje de la cruz. Todavía se preocupa el Señor por su mundo.

El pacto de Dios a través de la muerte de Jesús en la cruz del calvario fue un pacto universal, la salvación está al alcance de todos si realmente la buscamos de todo corazón. Dios está dispuesto a perdonar nuestros pecados, a darnos una nueva vida, a hacernos nuevas criaturas, a darnos un nuevo corazón, pero es nuestra decisión aceptar la dadiva del Señor, y aunque el Espíritu Santo hable a nuestro oído, es nuestra decisión aceptar el llamado en nuestro corazón.

El Señor conoce nuestra condición, conoce nuestro sufrimiento, nuestros pesares y dolores, el Señor quiere ayudarnos, pero somos nosotros quienes se lo impedimos.

Conclusión

Los hebreos se distinguen porque no se encuentran ninguna evidencia de que Israel necesitara de imágenes, es notorio que aprendieron a conocer a Dios como el único Dios. El Israel espiritual que conforma toda la cristiandad, también debe caracterizarse por reconocer a un solo Dios, sin detenerse a adorar los ídolos falsos que Satanás usa para falsificar la adoración y desviar al cristiano del camino que Dios le ha mostrado.

Dios quiere que siempre le clamemos, está atento de lo que necesitamos, él nos dice pedís y os daré, llama y os abriré.

Dios es feliz que le pedimos, no porque necesite que le roguemos, es porque nos acercamos a él, lo involucramos voluntariamente en nuestra vida, lo hacemos parte de nuestra vida. A Dios le encanta que contemos con él para solucionar nuestros problemas, somos sus hijos y desea ayudarnos, pero no le gusta intervenir cuando nuestras acciones demuestran que no lo queremos cerca de nosotros.

Llamado

Dios conoce nuestra condición, nos ama y sabe lo que hay en lo más profundo de nuestro corazón, es por eso que ha preparado nuestra salvación, y quiere prepararnos a nosotros para el reino de los cielos, el Señor no nos desamparará si le buscamos y siempre estará atento a escuchar nuestras plegarias como un padre amoroso.

pídameles con fe que él nos escucha como escucho el clamor del pueblo de Israel. Dios tiene sus brazos abiertos para ayudarnos ¿Quiénes están dispuestos a buscarle? ¿Quiénes quieren en este día decirle: “ayúdame Señor”? ¿Quiénes quieren colocarse de rodillas y pedirle a Dios que intervenga en sus vidas?

CREACIÓN

Texto: Génesis 1:1-2

INTRODUCCION

En una ocasión mi profesor, me dijo que yo venía del mono, que el ser humano era un producto de la evolución. Él no creía en Dios, y siendo yo tan pequeño y mis argumentos tan torpes no supe como contestarle correctamente. Cuando una persona con mayor autoridad que tú te dice algo (aunque sea una falsedad) es más fácil creerle, porque eso la sana doctrina no viene de lo que dicen los demás, sino de la palabra de Dios y por eso Martin Lutero expresó "la biblia y solo la biblia debe ser la fuente de nuestra fe".

Créanme yo intenté discutir con este profesor, pero ni mis conocimientos ni mi forma de expresarme me ayudaron mucho.

Desde los anales de la existencia humana, la humanidad ha querido explicar de muchas maneras el origen del universo, de cómo surgió todo. En tiempos antiguos ya existían declaraciones al respecto, como cristianos sabemos que es Dios el Creador, y nosotros sus seres creados, junto con los animales, árboles y planta. Pero es valiosísimo tomar en cuanta alguna información arqueológica de tiempos antiguos y veremos historias completamente diferentes a las que hoy se conoce a través de la Palabra de Dios. Acerca de la Creación.

En realidad, el relato de la creación paso por una tradición oral de generación a generación, en los primeros siglos de la humanidad no se usaba la escritura como hoy en día, un padre contaba a su hijo las historias y a su vez ellos las contaban a sus hijos, y era de esa forma que se transmitían las historias. Con la maldad desarrollada en el ser humano Satanás intentó distorsionar la verdad de los hechos y así surgieron muchos relatos o formas de concebir la historia de la creación. Fue necesaria entonces la revelación divina y la inspiración del Espíritu Santo para que el relato verídico estuviera disponible para los creyentes de los siglos posteriores.

Moisés escribió entonces el Génesis y ahora tenemos la historia original escrita. Cristo y los apóstoles nunca dieron ni siquiera la más mínima insinuación de que el relato de la creación del Génesis sea mítico o legendario, ellos lo tomaron como verídico. Simplemente lo aceptaron, es más, Jesús y los apóstoles citan constantemente el pentateuco escrito por Moisés, usando un "escrito está" dando evidencia del carácter divino de las historias registradas en los libros escritos por Moisés.

La arqueología ha descubierto algunas historias paralelas de la creación en las civilizaciones antiguas. Obviamente muchos estaban interesados en la historia de los comienzos. Un gran ejemplo es el documento de Enuma Elish.

A diferencia de los relatos egipcios en Mesopotamia, el trabajo más sofisticado desde el punto de vista de la creación se encuentra en el trabajo conocido como el Enuma Elish.

En esta épica escrita poco después de que Abrahán dejara Mesopotamia. Hablando de Marduk, quien es en realidad un dios desconocido de la aún no significativa ciudad de Babilonia (recordemos que para esa época Babilonia aun no era el imperio que sería en tiempos de Daniel). Marduk era uno de los dioses de las ciudades y el objetivo del relato es justificar el poder y la importancia de Babilonia y de su dios Marduk. El documento, de esta forma, tiene una función similar a la de los relatos egipcios de la creación.

Enuma Elish inicia con los dioses Apsu y Tiamat aparentemente eran las únicas dos deidades que habían nacido. Otros dioses fueron creados por medios inexplicables y uno de ellos fue Ea. Ea mató a Apsu. Tiamat juró vengarse de Ea y los otros dioses y colocando a Kingu, uno de sus hijos, como la cabeza de una banda temerosa de salvajes. Al reunirse con las deidades amenazadas, Marduk sale y vence a Tiamat, cortándola a ella en dos partes.

Después de crear las constelaciones y la luna hechas de las partes del cuerpo de Tiamat, Marduk se dirige a Ea con un plan para crear la raza humana.

Los arqueólogos no pueden excavar los restos de la creación, pero a partir de este documento podríamos darnos cuenta que las civilizaciones antiguas tenían ideas de una creación común. La arqueología muestra que el registro bíblico no le debe nada a los mitos antiguos o las leyendas de los pueblos antiguos sobre la creación. Es decir, el relato Bíblico de la creación fue antes de los relatos mesopotámicos y egipcios. Al comparar el Génesis con historias como estas nos damos cuenta que la creación del Génesis es una historia lúcida y completa.

Hoy estudiaremos cuatro razones por las cuales debemos de creer en el relato Bíblico de la creación.

Desarrollo

Las Sagradas Escrituras hace resaltar decididamente una de las seculares controversias entre los cristianos que creen en la Biblia, por un lado, y los escépticos ateos y materialistas de diversos matices por el otro. Estos últimos, que procuran en diferentes formas y en diversos grados explicar el universo sin Dios, sostienen que la energía es eterna. Si esto fuera verdad y si la materia tuviera el poder de evolucionar, primero de las formas más simples de la vida, yendo después a las más complejas hasta llegar al hombre.

I. Dios creo nuestro mundo

Los primeros versículos de la biblia declaran que Dios es el Creador de toda la creación.

(Genesis 1: 1) *"En el principio creó Dios los cielos y la tierra."*

Los actos creativos específicos siguen una estructura y orden: La palabra de Dios llamando a existencia, una declaración de propósito y el resultado de dicha palabra.

El verbo "crear" viene del hebreo *bara'*, que en la forma en que se usa aquí describe una actividad de Dios, nunca de los hombres.

Existen otros versículos que hablan de creación

como (Amós 4: 13) *"He aquí el que forma las montañas, el que crea el viento"* (Sal. 51: 10) "un corazón limpio" y "nuevos cielos y nueva tierra" (Isa. 65: 17). Las palabras hebreas que traducimos "hacer", 'asah, "formar", yatsar y otras, se usan frecuentemente (pero no en forma exclusiva) cuando se habla de la actividad humana, porque presuponen materia preexistente. Es decir, no se crea de la nada, sino que se forma a partir de algo que ya existe, esa es la diferencia entre la creación de Dios, que surge de un universo vacío, y la creación humana, que es moldear lo que ya existe.

Estas tres palabras se usan para describir la creación del hombre. Las mismísimas primeras palabras de la Biblia establecen que la creación lleva la marca de la actividad propia de Dios. El pasaje inicial de las Sagradas Escrituras familiariza al lector con un Dios a quien deben su misma existencia todas las cosas animadas e inanimadas, tal como lo dice Pablo en (hebreos. 11: 3). *"Por la fe entendemos que el universo fue formado por la palabra de Dios, de modo que lo visible no provino de lo que se ve."*

Porciones del libro de Job, algunos Salmos como el 8, el 104 y el 139, pasajes de libros proféticos, como Juan 1:1-3, Colosenses 1:15-17, Hebreos 1:1-2, entre muchos otros, presentan enseñanzas fundamentales sobre la creación y declaran y exaltan a Dios como creador. En el relato de Génesis, la afirmación de los diferentes actos creativos de Dios, presentan la explicación completa y fundamental de la creación del universo. Dios es el Creador de todo lo que existe. La expresión los "cielos y la tierra" indica en lenguaje concreto todo lo que existe en la creación, y esto se reafirma en toda la biblia desde el inicio al fin, como lo deja ver (Apocalipsis 4:11). *"Digno eres, Señor y Dios nuestro, de recibir la gloria, la honra y el poder, porque tú creaste todas las cosas; por tu voluntad existen y fueron creadas."*

II. El diablo falsifica la creación

La arqueología nos ha permitido ver en el relato mitológico como el diablo quería engañar a las civilizaciones antiguas.

La Biblia, ante la inquietud universal del origen del mundo y del hombre, proclama que todas las cosas creadas tienen su origen en Dios, único y exclusivo Creador. No presenta una crónica informativa ni detallada de la creación, sino la revelación de las verdades que en cualquier generación contestan a la fe del hombre en su relación con Dios y con el mundo. La creación no es vista desde su origen hacia su desarrollo científico; se la mira desde su culminación para encontrar significado a la vida y al universo y rechazar toda otra explicación.

Es interesante notar que casi todas las culturas con cierto desarrollo, tienen un relato que intenta explicar la creación. La similitud que se pudiera encontrar entre estos relatos de creación se debe exclusivamente a que intentan responder a las mismas preguntas que el hombre se ha hecho en cada cultura. ¿de dónde venimos? ¿Cómo se creó el universo?

Muchos años de transmisión oral de generaciones que dieron la espalda a la doctrina original dieron cabida a una infinidad de relatos distintos sobre cómo se creó el universo, por esta razón Dios inspira a Moisés el Genesis, ya que incluso su pueblo escogido había abandonado las historias sin modificación por las leyendas egipcias, es por tal razón que en (Éxodo 20: 8) *"Acuérdate del sábado, para consagrarlo."* Dios hace una referencia clara a que el sábado fue instituido desde la creación, al decir "acuérdate" y por lo tanto reafirma la creación del Genesis como el relato verídico.

III. Génesis el Fundamento de la Fe

La introducción en el primer capítulo del Génesis constituye el fundamento de toda la fe bíblica ya que determina la relación correcta entre el Creador y su creación.

Hubo un principio para la creación. Se refuta así el materialismo que intenta afirmar que la materia siempre existió y existirá. No sólo la creación tuvo principio, sino también tendrá fin para dar lugar a una nueva creación en la culminación del plan redentor de Dios se indica en (2 Pedro 3:7) *"Y ahora, por esa misma palabra, el cielo y la tierra están guardados para el fuego, reservados para el día del juicio y de la destrucción de los impíos."* Y en (Apocalipsis 21:1) *"Después vi un cielo nuevo y una tierra nueva, porque el primer cielo y la primera tierra habían dejado de existir, lo mismo que el mar."* Una nueva creación donde ya no existirá el pecado.

El Creador único y exclusivo es Dios. El verbo hebreo *bara* que se traduce "creó" se usa sólo en referencia a la actividad creadora propia, única y exclusiva de Dios y nunca a la del hombre o nadie más. En el segundo versículo, la biblia nos introduce a la presencia del Espíritu de Dios (Genesis 1:2) *"La tierra era un caos total, las tinieblas cubrían el abismo, y el Espíritu de Dios se movía sobre la superficie de las aguas."* Y también a la participación creadora del Verbo en (Juan 1:1-3) *"En el principio ya existía el Verbo, y el Verbo estaba con Dios, y el Verbo era Dios.* [2] *Él estaba con Dios en el principio.* [3] *Por medio de él todas las cosas fueron creadas; sin él, nada de lo creado llegó a existir."* aclarando que la Creación es obra del Dios trinitario. Donde participaron los tres para crear este mundo, Padre, Hijo y Espíritu Santo.

IV. Dios crea de la nada

Dios no necesita materia previa para crear. La actividad creadora de Dios debe verse además en contraste con la condición de la tierra previa a los actos creativos de Dios. Sin "orden" y "vacía" significa concretamente lo opuesto a la existencia. Tinieblas y aguas representan el caos o confusión y el desorden que hacen imposible existencia alguna (Isaías 46:10) *"Yo anuncio el fin desde el principio; desde los tiempos antiguos, lo que está por venir. Yo digo: Mi propósito se cumplirá, y haré todo lo que deseo."*

Las afirmaciones bíblicas en cuanto a la creación del universo están en un marco histórico específico y contienen datos comunes y de interés a la historia y a la ciencia. No fueron hechas en un vacío, sino en medio de muchos otros relatos de creación. El lenguaje y el marco de referencia son los de las culturas mesopotámica y egipcia, ambas predominantes e influyentes al pueblo de Dios.

Si tales situaciones se presentaran hoy en nuestro camino, el versículo de (Genesis 1:2) dice que *"la tierra estaba desordenada, vacía y las tinieblas estaban sobre la faz del abismo"* pero también dice que estaba en el mismo escenario el Espíritu de Dios en la faz de las aguas", había cuatro situaciones diferentes y contrapuestas, desorden, vacío y tinieblas, así como abismo; pero también estaba el espíritu de Dios, moviéndose sobre la faz de las aguas. Tal vez hoy enfrentamos las mismas circunstancias; quizá hoy miramos desorden, vacío, abismo, tinieblas, en las calles, en la ciudad, en el trabajo, la oficina, o aun en nuestro hogar, pero también miramos la obra del espíritu de Dios, movimiento, señal de vida y agua, señal de frescura y reposo; sobre ¿cuál de los dos escenarios fijaremos nuestros ojos? Somos muy propensos a mirar de primer plano, las tinieblas, el vacío y el desorden y eso abre ante nosotros la faz del abismo. Pero, ¿por qué mirar el abismo? Si nosotros, hemos sido hechos para el orden, la luz y la llenura, la plenitud de luz de su palabra, que nos puede envolver cada día.

CONCLUSION

Dios creo nuestro mundo. El diablo siempre ha tenido pro propósito tergiversar la obra de Dios, y ha influido en que existan tantos relatos falsos sobre la creación del mundo y de la vida. El enemigo siempre ha intentado desviarnos de la sana doctrina porque rechazar la creación del Genesis es rechazar el sábado como día de reposo, como el día en que Dios reposo de su obra, es rechazar la labor de Dios como creador y sustentador de la vida.

Debemos tener claro y cimentar nuestra fe en la

verdad de que Dios y únicamente Dios creo el mundo, con su voz poderosa sin la intervención de más nadie que las tres personas de la deidad, Padre, Hijo y Espíritu Santo. Fundamentar nuestra fe en que el Señor no solo creó este mundo, sino que lo limpiará de pecado y entregará sus hijos fieles una tierra nueva y una vida nueva, donde ya no habrá llanto ni dolor, donde siempre será de día y su presencia nos acompañará por siempre.

Llamado:

Hoy día el Espíritu Santo hace igual contigo y conmigo, desea ordenar la vida humana, llenar el vació que el ser humano tiene. El Señor quien nos conoce desde antes de nacer, quiere que podamos ser mejores cada día, aquello que te aqueja no es un problema para él, tenemos un Dios capaz de darnos un nuevo corazón, limpio, puro y sano, el Señor quiere darnos a todos una nueva vida, una vida alejados del pecado, y el dolor que el pecado trae consigo ¿Quiénes quieren aceptar ese nuevo corazón? ¿Quiénes quieren ser criaturas nuevas?

EN EL HOGAR

Texto: Génesis 11:31-32

"Y tomó Taré a Abram su hijo, y a Lot hijo de Harán, hijo de su hijo, y a Sarai su nuera, mujer de Abram su hijo, y salió con ellos de Ur de los caldeos, para ir a la tierra de Canaán; y vinieron hasta Harán, y se quedaron allí.

[32] *Y fueron los días de Taré doscientos cinco años; y murió Taré en Harán."*

Introducción

Siempre me han gustado las palabras que el apóstol Pablo le dedicó al joven Timoteo para alentarlo y que no se desanimara en la lucha de su vida espiritual (1 Timoteo 4: 12) *"Que nadie te menosprecie por ser joven. Al contrario, que los creyentes vean en ti un ejemplo a seguir en la manera de hablar, en la conducta, y en amor, fe y pureza"* En este hermoso versículo alienta a Timoteo de no dejarse opacar por ser joven, pero además le daba una lista de cualidades de un cristiano por las cuales debía sobresalir.

De entre todas las cualidades mencionadas por el apóstol de las cuales debemos ser ejemplo en la vida cristiana, una de las más importante es la fe. Una gran fe puede mover montañas, somos salvo por nuestra fe y una fe bien cimentada nos ayuda a seguir en el camino de la verdad.

De entre todos los personajes bíblicos solo uno es conocido como el padre de la fe, Abraham, un hombre dispuesto a abandonar su tierra natal y su parentela para emprender un viaje a tierras lejanas y desconocidas solo porque Dios se lo indicó.

La biblia nos dice que el hogar de Abraham fue Ur de los caldeos y sugiere dos asentamientos en su migración a Palestina, primero de Ur Harán y de Harán a Canaán. La identificación de Ur de los Caldeos ha sido ampliamente discutida por los Eruditos que ven en dicha expresión un aporte editorial tardío. Pero la tradición Bíblica coloca el hogar original de Abraham en Ur en la baja Mesopotamia.

Todo ser humano es influido por el medio ambiente en el cual se desarrolla. Teniendo en cuenta esta verdad es interesante poder estudiar el trasfondo en el que Abraham creció por lo tanto te invito en esta mañana para que juntos estudiemos 3 aspecto que comprueban la veracidad de las escrituras en cuanto a la vida de Abraham.

I. Su Ubicación y Esplendor

El texto bíblico nos dice (Genesis 11:31) *"Y Salieron juntos de Ur de los Caldeos"*

Para comprender mejor el relato bíblico debemos entender que Ur era una gran ciudad sumeria situada cerca del golfo Pérsico, pero se trata de una referencia muy oscura.

Sabemos por la arqueología bíblica que el texto más antiguo de la Biblia que conocemos, es la traducción griega realizada en el siglo III A.C., y esta versión no hace alusión alguna a esta ciudad. En consecuencia, muchos investigadores creen que "Ur" representa aquí alguna corrupción posterior. En cualquier caso, podemos asegurar con toda tranquilidad que el país con que los patriarcas estaban más estrechamente relacionados era Dotan.

Las excavaciones de Sir Leonard Wolley durante los años 1922 a 1934 mostraron algo del esplendor que la ciudad poseía desde siglos antes de aparecer Abraham. Las tumbas de la realeza de Ur, datan de aproximadamente 2500 A.C., produjeron una colección de magníficas vasijas de oro, las cuales son del deleite de los estudiantes del mundo antiguo. (Arqueología bíblica de Johnson)

La arqueología bíblica nos muestra que Ur de los Caldeos era una ciudad esplendorosa, llena de comodidades y con una economía asombrosa. En ella vivía nuestro padre de la fe, y no debió ser nada fácil para él abandonar su tierra natal y todas sus comodidades para convertirse en un nómada en tierras extrañas, rodeadas de peligros y dejar atrás las lujosas viviendas de Ur para pasar el resto de su vida en tiendas. Pero aun así dio sus primeros pasos y formó su carácter.

La hermana Ellen White nos dice en patriarcas y profetas: "Abraham se había criado en un ambiente de superstición y paganismo. Aun la familia de su padre, en la cual se había conservado el conocimiento de Dios, estaba cediendo a las seductoras influencias que la rodeaban, y servían a dioses extraños" (PP 103)

Todos estamos rodeados de toda clase de influencias, pero estas no tienen por qué afectar nuestra fe y el propósito que Dios tiene para nuestras vidas. No podemos dejar de vivir en el mundo, rodeados de personas que aman el pecado, no podemos evitar escuchar alguna vez una canción secular o personas que hablan con palabras desagradables e impropias de un cristiano, pero depende únicamente de nuestras decisiones si queremos sucumbir ante estas conductas y adoptarlas. Abraham, a pesar de nacer en una familia que conocía la verdadera fe, estaba rodeado de una inmensa idolatría, tal como nos encontramos nosotros en este mundo. Él propósito de Dios en él no se podría cumplir si continuaba en su tierra ya que permanecer junto al pecado es una constante tentación e intoxica la sana doctrina, Dios no buscaba incomodar a Abram, llevarlo lejos de Ur o de cualquier otra ciudad era necesario para formar un pueblo digno de llevar su nombre y su palabra. No se puede purificar agua si no se saca primero la fuente de contaminación de ella, no puede Dios purificarnos si primero no nos alejamos de aquello que nos intoxica con pecado y de todo aquello que nos tiente constantemente.

Muchas veces apreciamos más a nuestras amistades inapropiadas, los jóvenes prefieren seguir alimentando una relación con alguien fuera de la iglesia, asistiendo a fiestas o escuchando música secular porque les gusta más que el himnario, viendo programas que no edifican para nada el espíritu, sino que muestras constantes actos en contra de los mandamientos de Dios. Vivimos en el mundo, pero no somos del mundo, si no podemos siquiera dar el primer lugar a Dios, ¿cómo podrá obrar el Espíritu Santo en nosotros?

Nuestra misión es traer el mundo a los pies de Cristo, no ir y enamorarnos del mundo, quedarnos admirados por lo divertido que parece y desear parte de él, porque quien desea ser como el mundo, es porque no desea en su corazón agradar a Dios.

No es fácil, la tentación nos ataca en todas partes, Satanás sabe cuáles son nuestras debilidades y nos ataca con aquello con lo que somos más débiles, por eso al igual que Abraham debemos alejarnos lo más posible de todo aquello que pueda generar en nosotros tentación, no ser arrogantes y creer que la tentación no nos hará nada, creer que podemos pasarle al lado al pecado y no infectarnos. Lo único que nos mantiene formes es la oración constante para que el Espíritu Santo nos fortalezca y correr, correr y alejarnos de la tentación.

II. Una ciudad politeísta

Continuemos analizando como era Ur de los caldeos.

El Comentario Arqueológico de la Biblia nos dice: “En Mesopotamia encontramos ruinas imponentes de enormes estructuras en forma de torres o pirámides escalonadas, llamadas Zigurats (los cuales eran lugares de culto a dioses paganos con formas piramidales). De estos, los principales son el de Ur y el de Babilonia. El de Ur era cuadrado de 43 ms. de ancho por unos 62 de largo. No se ha podido calcular la altura exacta, pero parece que llego a tener siete cuerpos o pisos.”

Esto revela una ciudad religiosa y teniendo en cuenta también las similitudes que los Ugarit tenían con los cananeos podemos afirmar que el politeísmo era la religión de Ur, adorando a diferentes dioses como lo hacían la mayoría de religiones.

¿Por qué es tan importante saber que Ur era una ciudad que adoraba a muchos dioses en lugar de uno solo? La respuesta es sencilla. Existe una estrecha relación e nuestro carácter y nuestra forma de adorar a Dios, de esa forma un pueblo que es matriarcal, es decir, siente más afecto y respeto por su madre que por su padre, buscara como el centro de su alabanza una figura femenina que represente la materialidad, es por eso que en países centro y sur americanos hay preferencia por rezarle a vírgenes en lugar de directamente a Dios, ya que por nuestra cultura vemos a Dios como el padre severo y a la virgen como la madre tierna y compasiva.

De igual forma, las religiones politeístas como la practicada en Ur, al poseer variedad de dioses a los cuales les adoraban sin guardar recelo por ofender a otros, no creaba en sus practicantes un carácter firme y celoso para con su dios. Por eso era necesario que el Señor sacará a Abraham de allí, no estaba dispuesto a compartir su pueblo con otros dioses paganos.

Ellen White escribió en el libro de la historia de los patriarcas y profetas: "Por doquiera le invitaba la idolatría, pero en vano. Fiel entre los fieles, incorrupto en medio de la prevaleciente apostasía, se mantuvo firme en la adoración del único Dios verdadero." (PP, 103)

De esta forma debemos nosotros también permanecer firmes y colocar en nuestras vidas a Dios sobre todas las cosas, no dándole la espalda por adorar a ídolos, como la televisión, los vicios o incluso amistades y parejas, a las cuales colocamos por encima de Dios mismo.

III. Una ciudad histórica real

Nuevamente El Comentario Arqueológico de la Biblia nos dice "Una tablilla de Ugarit menciona una Ur (este nombre lo llevaban varis ciudades) en tierra de Heteos, la cual corresponde a esa región norteña. Una tablilla encontrada en las excavaciones de Ebla (1972-75) parece aclarar definitivamente la cuestión, pues menciona una "Ur en Jarán" dato que coincide con la fuente Bíblica.

Uno de los periodos que muchos críticos cuestionan es el de los patriarcas. Se han hecho uno y mil intentos por desvirtuar los relatos Bíblicos que describen la vida de estos hombres de Dios, pero la arqueología nos permite tener evidencia sólida para afirmar la veracidad del registro bíblico.

Confirmar que el periodo de los patriarcas es real no solo es importante para validar los relatos históricos bíblicos, sino porque sabemos que la promesa de Dios a su pueblo es real. Abraham es el primero de una línea genealógica directa que llega hasta el salvador de toda la humanidad Jesús.

La promesa de un salvador para su pueblo le fue dada primero a Adam (Genesis 3:15) "Pondré enemistad entre tú y la mujer, y entre tu simiente y la de ella; su simiente te aplastará la cabeza, pero tú le morderás el talón" Si la serpiente representa a Satanás, la simiente representa a quien le dará fin a la serpiente y sus maquinaciones. Por lo tanto, desde el momento de la caída del hombre en el pecado, Dios prometió un salvador para congraciar a la humanidad con su creador.

La promesa de salvación se vuelve a entregar a Noe (Genesis 9: 9) "Yo establezco mi pacto con ustedes, con sus descendientes" Este pacto incluía la promesa de no volver a destruir la tierra por medio de agua y una señal perpetua (el arcoíris en el cielo). Además, venía acompañada de la misión de reproducirse y poblar la tierra, misma tarea que le fue dada a Adán y Eva.

Dios siempre ha querido un pueblo integro y fiel, que le ame y que sirva de ejemplo a las demás naciones, de forma que se sientan atraídos por las bendiciones que reciben de su Dios.

Mientras Adam fue el padre de toda la humanidad y Noe el patriarca de la única familia de la tierra después del diluvio universal, Abraham fue el patriarca del pueblo escogido de Dios para ejecutar su plan. Abraham fue en quien el Señor reafirmo el pacto de salvación a toda la humanidad.

La importancia de Abraham va más allá de las enseñanzas de su vida, es el padre del pueblo de Dios, portador del pacto de salvación que luego se ejecutaría por medio de Jesús, su descendiente directo y entregado a toda la humanidad, a Abraham se le entrego el pacto y la promesa de que la humanidad podría nuevamente estar junto a Dios, ser libres del pecado y la muerte eterna sería derrotada.

Dios entregó su pacto a un hombre para hacer de él un pueblo, su pueblo escogido, y este hombre se mantuvo firme en su fe sabiendo que Dios cumpliría su promesa, aunque no pudiera verla.

Por medio de ese hombre que salió de Ur de los caldeos solo por su fe en la palabra de Dios, se mantuvo la fe pura y verdadera en un pueblo bendecido por su creador. Por esto Abraham es el padre de la fe.

Conclusión

El estudiar estos tres aspectos de Ur, nos damos cuenta de que para Abraham no fue fácil seguir la voz de Dios.

Ellen White nos dice:

A fin de que Dios pudiese capacitarlo para su gran obra como depositario de los sagrados oráculos, Abrahán debía separarse de los compañeros de su niñez. La influencia de sus parientes y amigos impediría la educación que el Señor intentaba dar a su siervo. Ahora que Abrahán estaba, en forma especial, unido con el cielo, debía morar entre extraños. Su carácter debía ser peculiar, diferente del de todo el mundo."

Ur era una ciudad, muy rica, esplendorosa llena de lo mejor de la cultura de aquel entonces, era una ciudad comercial prospera, por lo tanto, cuando Dios llama Abraham, para este fue una verdadera prueba de fe, tenía que dejar todo, seguridad, comodidad y amistades por ir a una tierra que no conocía. Los dioses de sus padres también fueron una influencia poderosa. Pero Abraham decidió obedecer a Dios aun cuando no sabía a donde iba.

Llamado

Querido hermano ¿en este día dejaras tu Ur?, ¿estás dispuesto a seguir al pie de la letra los mandatos divinos aun cuando esto implique dejar la comodidad o el bienestar económicos? Abraham llego a ser conocido como el "padre de la fe", "el amigo de Dios" y tu ¿cómo serás recordado?, esta mañana te invito a que pongas tu vida en las manos de Dios y dejes Ur, porque el Dios que te lo ordena te dará en posesión la vida eterna y una mejor ciudad es decir la celestial. Oremos

LA PALABRA DE ESPERANZA

¿Alguna vez un amigo te ha mentido? Si te ha ocurrido sabes que no se olvida fácilmente. ¿Crees que Dios te mentiría? Vivimos tiempo difícil. Pasamos por huracanes, tornados, inundaciones, terremotos. La última Pandemia Mundial nos tiene a todos desconfiados el uno del otro. No podemos acercarnos como antes, hablarnos, abrazarnos, reunirnos, adorar como de costumbre porque no sabemos qué persona esta contagiada asintomáticamente.

En estos días de perplejidad cuando muchos confiables líderes espirituales han mostrado ser una farsa, cuando es raro hallar lugares seguros de inversión y cuando las personas en las que más confiamos son las que nos hieren-; ¿hay todavía alguna cosa en qué confiar? Pues precisamente alguien que nos ama verdaderamente nos dejó una carta escrita advirtiéndonos que el mundo pasaría por lo que estamos viviendo hoy y que incrementarían los eventos antes de que la señal de salvación sea predicada en todo el mundo y venga el fin. Así que la contestación a esa pregunta es; ¡Sí! Podemos Confiar plenamente en la Biblia, la Palabra escrita de Dios. Hoy más que nunca volvamos a la Biblia. No salga de su casa sin leer la Biblia; Sin orar por la familia; Sin ponerse en las manos de Dios porque usted no sabe si va a ser el último día. ¡Dios quiere que usted crea que le entregue su vida! No lo deje para mañana, que puede ser tarde. En la hora de la Epidemia Adore a Dios, En la hora del dolor adore a Jehová. Ahora es la Hora de Adoración. ES la hora de abrir el Libro Sagrado, La Biblia, Las Sagradas Escrituras.

"y que desde la niñez has sabido las Sagradas Escrituras, las cuales te pueden hacer sabio para la salvación por la fe que es en Cristo Jesús. Toda la Escritura es inspirada por Dios, y útil para enseñar, para redargüir, para corregir, para instruir en justicia, a fin de que el hombre de Dios sea perfecto, enteramente preparado para toda buena obra." (2 Tim. 3:15-17, RVA 60)

Juan era una persona desechable más en la ciudad. No se cómo una joven cristiana se enamoró de él, perdido en las drogas y el alcohol, deambulaba sin rumbo. Pero ella lo amaba y se hicieron novios. La familia lo abandono y ella así se casó y lo recibió en su casa. Nadie daba nada por ese muchacho. Ella le hablaba del evangelio y oraba por él. Un día la palabra de Dios hizo eco en la mente de Juan. La esperanza hizo brillar sus ojos. Abrió su corazón a la palabra de Dios y Jesús transformó su vida. Dejo las drogas, abandono la vida de la calle. Terminó la escuela Superior y sentía que Dios lo llamaba a estudiar teología. No tenía dinero, pero confiaba en la seguridad de que Dios le abriría puertas y fue a la Universidad Adventista. Hoy día es graduado de teología. Por la palabra de Dios su vida ha sido restaurada. Yo no sé a dónde el mundo te ha llevado. Con todas esas cosas terribles que has vivido, Dios te puede llevar a lugares y ser utilizado para transformar vidas. Todo eso que te ha pasado en la vida tiene un objetivo de salvación. Y yo te aseguro que además de ser para ti ese objetivo también es para transformar a otros. Que maravilloso privilegio el que nos da el Señor. Hoy por la palabra de Dios tu vida puede ser restaurada. En la Hora de Adoración por la Palabra de Dios tu vida puede ser sanada.

FT: La Biblia es el mejor tesoro de conocimiento del que dispone el ser humano.

I.ORIGEN Y PROPSITO DE LA BIBLIA

Isaías 55:11 declara que la palaba que sale de su boca no volverá a mi vacía, sino que cumplirá los propósitos de Dios. El origen de este libro está en Dios. Ejecuta la voluntad Divina. *2 Pd.1:21 "porque nunca la profecía fue traída por voluntad humana, sino que los santos hombres de Dios hablaron siendo inspirados por el Espíritu Santo."* La Biblia afirma ser totalmente inspirada por Dios y plenamente verdadera. Fue escrita por hombres guiados por el Espíritu Santo.

Un ateo visitaba una isla cuyos nativos habían sido caníbales. Cuando vio a un anciano que leía la Biblia, lo ridiculizó por leer un libro "lleno de mitos y fabulas". El nativo sonrió mientras le respondía: "Mi amigo, agradezca que creemos en este Libro. Si así no fuera, usted seria nuestra cena". ¡La Biblia transforma realmente a las personas!

Dios ha hablado para dar vida a la humanidad, su palabra es consuelo y esperanza para el ser humano Rom.15:4 Dios te ama, Dios es un Dios de Amor. Tenemos la seguridad de la vida Eterna, el perdón de los pecados, hay esperanza por el amor maravilloso de Jesús.

El TEMA PRINCIPAL DE LA BIBLIA ES EL AMOR DE DIOS JUAN 3.16

ESTE LIBRO ES LA FUENTE DE LA VERDAD JUAN 17:17

No hay verdad aparte de la biblia. Si la biblia lo dice es cierto sino lo dice no lo crea. De ella debe recibir el cristiano toda la orientación y la norma de su vida. No puede ser mejorada ni modificada, añadiéndole o quitándole, sobre quien lo haga pende la maldición divina de Apocalipsis 22:18-19.

II.HAY VIDA EN LA PALABRA DE DIOS 2 Tim.3:15-17

"Y que desde (que eras) niño de pecho (Los padres judíos fieles comenzaban a enseñar a sus hijos las verdades del AT a la edad de cinco años), las Sagradas Letras sabes, las que pueden te hacer sabio para salvación mediante (la) fe (que es) en Cristo Jesús. Toda Escritura (es) inspirada por Dios y provechosa para enseñanza, para reproche, para corrección, para instrucción en justicia. Para que apto (significa cabal o equilibrado) sea el de Dios hombre." (Traducción interlineal del Griego al Epañol).

Para Resistir el esquema impío de la vida de los últimos días, Timoteo debe estudiar las Sagradas Escrituras (AT). Como lo venía haciendo desde la niñez para tener el conocimiento necesario para la salvación como para instruir en justicia o educar en rectitud. La Biblia tiene muchas aplicaciones y recursos para la madurez espiritual y los tiempos difíciles que se vienen.

Debemos estudiarla con humildad.

Nunca dejara de existir, su valor, autoridad y utilidad no tiene límites temporales o fronteras geográficas, es de aplicación universal.

1 Ped.1:25:

"mas la palabra del Señor permanece para siempre. Y ésta es la palabra que por el evangelio os ha sido anunciada."

Son mejores estas noticias que las que usted ve actualmente. Alrededor nuestro lo que hay es guerras, violencia, enfermedad y desastres naturales que a veces son culpa del ser humano. Pero las Buenas Nuevas nos dan confianza para enfrentar las dificultades.

Cuando Dios habla el confirma su palabra: Moisés en Egipto Ex.4:1-9

Moisés vuelve y le pregunta a Dios ¿Y qué hago si no me creen ni me hacen caso? Que hago si me dicen: "El Señor no se te ha aparecido." Dios le responde ¿Qué tienes en tu mano? Una vara. Déjala caer al piso. La vara se convirtió en serpiente. Moisés salió corriendo, pero el Señor le mando que la agarrara por la cola y se convierte de nuevo en vara. Esto es para que crean que Yo soy el Señor. Y si no te creen pon la mano en tu pecho. Le dio Lepra a Moisés, Insistió Dios vuelve otra vez, y la lepra sana. Y si no te creen, ve al rio toma agua y enrámala en el piso que esa agua cuando toque el piso se convertirá en sangre.

Un director de la Standard Oil Company leyó Éxodo 2:3, donde relata que la canasta que la madre de Moisés hizo para él estaba "calafateada con asfalto y brea". El director razonó que si había asfalto y brea tenía que haber petróleo y, si existía petróleo en el tiempo de Moisés, probablemente aun estuviera allí. De modo que envió a Charles Whitshott, un geólogo y experto en petróleo, a que investigara el lugar. Y por supuesto, se encontraron grandes depósitos de petróleo.

Tanto el AT como el NT nos presentan a Jesús y su valor es inestimable

Juan 5:45-47:

"No penséis que yo voy a acusaros delante del Padre. Moisés, en quien tenéis vuestra esperanza, es quien os acusa, porque si creyerais a Moisés, me creeríais a mí, porque de mí escribió él. Pero si no creéis a sus escritos, ¿cómo creeréis a mis palabras?

Para los judíos de tiempos de Jesús, Moisés era el testigo supremo. Moisés escribió sobre el Mesías en la promesa a Adán y Eva en la primera promesa Evangélica en Genesis 3:15. Así que definitivamente la Biblia es El Libro de los Libros. La luz del cielo azul parece sencilla y hermosa, pero sabemos que tiene enorme profundidad, tanta como el mismo universo. Al analizar la luz del Universo o de la Biblia siempre descubrimos verdades más profundas sobre el Creador de todo. Que nos dan seguridad.

Cuando lo discípulos se sentían derrotados e iban camino a Emaús Jesús los consoló abriendo las escrituras del Antiguo Testamento Luc.24:27: "y comenzando desde Moisés y siguiendo por todos los profetas les declaraba en todas las escrituras todas las cosas que de él decían".

Es sorprendente que ellos reconocieron Nuestros

corazones ardían al escuchar sus palabras.

Las predicciones mesiánicas del AT son tan específicas y se cumplieron con tanta claridad en Jesús de Nazaret que tanto Jesús como los apóstoles usaron con éxito estas profecías para probar que él era, en efecto, el Mesías. Y son más de trecientas, saben; desde que nacería en Belén; seria traicionado por un amigo; año, día y hora de su muerte, hasta que resucitaría al tercer día. Todo estaba escrito y se cumplió todo en Jesús el Cristo.

Toda la Escritura es de una utilidad ilimitada

2 Tim. 3:15-17:

"Y que desde niño conoces las sagradas Escrituras, que te pueden hacer sabio para la salvación mediante la fe en Cristo Jesús. Toda la Escritura es inspirada por Dios, y es útil para enseñar, reprender, enmendar e instruir en justicia, para que el hombre de Dios sea perfecto, cabalmente instruido para toda buena obra."

Hace al hombre sabio para la salvación

La Biblia fue escrita para mostrar a los hombres cómo pueden ser salvados de sus pecados.

Las grandes religiones del mundo, como el islamismo, el budismo y el hinduismo, tienen "sagradas escrituras", pero no pueden hacer a nadie "sabio para la salvación". Sólo la Biblia revela cómo los hombres pueden romper las ataduras de los hábitos pecaminosos y encontrar el perdón de Dios.

Lo prepara para hacer el bien

Gr. Exartíz = te equipa, te prepara, te completa. El mejor servicio que puede prestar un "hombre de Dios" es comunicar a otros las bendiciones de Dios que le han dado un poder y una esperanza incomparables en su propia vida.

Lo hace perfecto "artios" = el hombre adecuado, completo, preparado.

Juan 6:63: "El espíritu es el que da vida; la carne para nada aprovecha. Las palabras que yo os he hablado son espíritu y son vida".

Las palabras de Jesús son fuente de Vida.

La carne no aprovecha para nada, ocuparse de la carne es muerte, por los intereses materiales la humanidad sacrifica todo el bien que Dios generosamente nos está ofreciendo de forma gratuita.

IV. EL PODER DE LA PALABRA DE DIOS

Heb.4:12:

"La palabra de Dios es viva, eficaz y más cortante que toda espada de dos filos: penetra hasta partir el alma y el espíritu, las coyunturas y los tuétanos, y discierne los pensamientos y las intenciones del corazón."

Permite a los que la oyen hacer lo que Dios pide. Nuestra respuesta a la Palabra de Dios revela lo que está en lo más profundo de nuestro corazón.

Por su palabra creo el universo

Sal.33:9: *"Porque él dijo y fue hecho el mando y existió".*

Él puede aparecer de la nada cuando todos se van y regalarte el milagro con su poder. Porque lo que es imposible para el hombre es Posible Para Dios.

Por la palabra de Dios el mar Rojo se abrió (Ex.14-15)

Por la palabra de Dios puedes pasar el obstáculo más grande que tengas de frente.

Por la palabra de Dios cayeron los muros de Jericó Jos.6

Por la Palabra de Dios puede caer el muro de la depresión, de la ansiedad, de la soledad, de la desesperación, de la enfermedad...

Por la palabra de Jesús los demonios abandonaban sus víctimas Mar.5

La fuerza demoniaca más grande que Jesús confronto, demostró su autoridad sobre ellos y no solo eso, sino que los puso en fuga entraron en los cerdos animales inmundos, prohibidos comer y tocar ni siquiera. Y lo que es más impresionante, que tuvieron que admitir la divinidad de Jesús al reconocerlo como "Hijo del Dios Altísimo".

Por la palabra de Dios el corazón del hombre puede ser renovado en santidad y esperanza.

"Porque la palabra de Dios es viva y eficaz, y más cortante que toda espada de dos filos; y penetra hasta partir el alma y el espíritu, las coyunturas y los tuétanos, y discierne los pensamientos y las intenciones del corazón." (Heb. 4:12)

IV. LA PALABRA DE DIOS ES JESUS Juan 1:1-3:

"En el principio era el Verbo, el Verbo estaba con Dios y el Verbo **era Dios**. 2 Éste estaba en el principio con Dios. 3 Todas las cosas por medio de él fueron hechas, y sin él nada de lo que ha sido hecho fue hecho."

Noten la palabra "Era" es un Pretérito imperfecto (expresa que hay una acción continuada en el pasado). Por lo tanto, Jesús estaba en existencia desde la eternidad.

Donde Esta 1 están los 3.

No fue suficiente con hablar y escribir, Dios envió

a Jesús para ejemplificar y demostrar que es lo que Dios quiere decir.

Juan 5:39: "Escudriñais (ustedes estudian, investigan) las Escrituras, porque a vosotros os parece que en ellas tenéis la vida eterna, y ellas son las que dan testimonio de mí."

Jesús es la palabra de Dios.

Note que aquí Jesús cree que el AT no está obsoleto, sino que da testimonio de él. Su palabra no son solo los dichos de su boca, no es solo un libro, es una persona y esa persona es Jesús. Es su vida es su ejemplo es su carácter, Jesús es la palabra encarnada y vimos su gloria.

Juan 1:14:

"Y el verbo", expresión griega "logos" traducido por "palabra"; la primera obra de la palabra fue crear así que es la acción de la palabra, en español lo entendemos por "verbo"; "se hizo carne y habitó entre nosotros, lleno de gracia y de verdad. Y vimos su gloria, gloria como el Hijo único, recibió del Padre."

Jesús lleva el nombre: "El Verbo de Dios." Se estima que aproximadamente el 10% de lo que Jesús dice en el NT es una cita directa o indirecta del AT. A menudo Jesús citó las Escrituras como autoridad ultima de la verdad que estaba enseñando. En la tentación, Jesús respondió: "Escrito está" y entonces citó: No solo de pan vivirá el hombre sino de toda palabra que sale de la boca de Dios (Mat.4:4)

La vida de millones de personas ha sido transformada cuando escogen seguir a Jesús y obedecer las Escrituras. El alcohólico se vuelve sobrio; el inmoral, puro; el adicto, libre; el profano, reverente; el temeroso, valiente; y el rudo, amable. Estas transformaciones maravillosas constituyen la mayor evidencia del poder e inspiración de la Biblia.

A Elena White de tantos libros que había ya escrito; una vez le preguntaron: "¿Cuál era su libro favorito? Y ella levanto la Biblia y dijo: "Este es mi libro preferido". La Biblia dice que a pesar de los asombrosos problemas mundiales un día nos reuniremos con nuestro Señor en su segunda venida cuando rescatara a su pueblo de este mundo pecaminoso y completara su restauración y sanidad. Otorgará inmortalidad. Cuerpo nuevo, mente nueva. Y entonces volverá a crear el mundo para que sea el hogar perfecto. Sin Coronavirus. Y viviremos con él por los Siglos de los Siglos.

CONCLUSIÓN

Historia de Lin. Una de las muchachas de la población en riesgo y no precisamente por una explosión volcánica o por un posible tsunami como el Japón sino como víctima de la explotación sexual que domina toda a aquella región. Lin pertenece a la tribu Askha, bien el triángulo dorado. En las fronteras de Birmania, Laos y Tailandia. Zona altamente afectada por el tráfico de drogas y la trata de personas. Donde las niñas son vendidas por 4 dólares para ser prostituidas y en la zona norte las niñas son vendidas hasta en 100 dólares. Su amiga la invita a trabajar en el restaurante. Bar. Su padre desea que estudie. Llega escuela ADRA. Le entrego su vida al Señor. Mas de 90 niñas han sido beneficiadas con este programa. Lin se convirtió en secretaria en las oficinas de la escuela y trabaja para ayudar a otras niñas que están en alto riesgo de ser víctimas de... La palabra de Dios sigue restaurando vidas, devolviendo vida a las personas.

Oscar dirige un ministerio que se llama "pescadores de hombres". Van por los riachuelos, las plazas y puentes de las grandes ciudades en Colombia, para llevar alimento ropa y la Palabra de Dios a los indigentes. Un día fueron al barranco de un rio y se encontraron a dos indigentes a quienes ofrecieron pan y leche. Uno de ellos al recibir los alimentos empezó a llorar. Había orado a Dios: si tú existes dame algo de comer y al instante entraron ellos con comida. Jesús no vino para salvar a los justos sino a los pecadores. Solo en Medellín más de 30 personas han salido de esta vida miserable para ocupa un lugar digno en la sociedad como fieles hijos de Dios que hoy sirven a al Señor.

LLAMADO

Las primeras palabras de Dios al hombre fueron palabras de amor: ¿Dónde estás? Esa búsqueda no ha terminado. Dios sigue hablando a los hijos de Adán.

¿Cuánto hace que estas escuchando la palabra de Dios? ¿Ya sabes lo que quiere Dios de ti? ¿Cuándo abrirás la puerta d tu corazón al Señor? ¿Crees que Dios te está llamando hoy?

Si así lo crees no te resistas más a su invitación de amor. Has de la palabra de Dios hoy tu guía y sostén. No vaciles más y ven hoy a Jesús.

¿Qué otra cosa puede brindarnos seguridad? ¿Quién es la primera persona que desea llegar a estudiar la Biblia de manera sincera? ¡Volver a la Biblia! Ese es el llamado para todos nosotros hoy.

La Biblia es la palabra de Dios para nosotros.

Cuando la leemos, Dios “sopla en nosotros el aliento vivo de su palabra, que tiene poder para hablarnos sin importar en qué lugar nos hallamos en el caminar cristiano.

ORACION:

¿A QUIÉN ADORAMOS?

Texto Bíblico: Juan 4:23-24

INTRODUCCIÓN:

¿Qué es adoración? Según algunas definiciones cuando buscamos en los diccionarios:

I. Rendir culto a alguien o algo que se considera como divinidad o que está relacionado con ella: ciertos pueblos primitivos adoraban elementos de la naturaleza; los fieles adoran al Santísimo.

II. Amar mucho a alguien: el abuelo adora a la nieta

III. Considerar muy buena o agradable a una cosa, gustar de algo en extremo: desde pequeño adora los deportes; adoro las frutas

IV. Rezar intensamente

La adoración es la respuesta de una persona a la presencia de Dios en temor, admiración y alabanza.

Es reconocer la grandeza divina y la debilidad humana, y se somete en servicio obediente a un amante Señor.

FT: DIOS NOS ENSEÑA COMO ADORARLE.

I. SOLO EL CREADOR ES DIGNO DE ADORACIÓN AP. 4:11

a. Satanás procura adoración Mat.4:10-11

b. La adoración a Dios esta descrita en la Biblia Juan 4:23-24

II. ADORAR EN ESPÍRITU Y EN VERDAD

a. Adorar con la actitud correcta: gratitud

b. Adorar por lo motivos correctos: amor Jun.14:15

c. Adorar con el sentimiento correcto: arrepentimiento Jer. 29:13

III. ADORAR CONFORME A LA VERDAD JUAN 4:23-24

a. Vana adoración; conforme a mandamientos de hombre Mar.7:6-7

b. La biblia es la verdad Juan 17:17

c. Adorar a Dios conforme a su ley Ex.20:8-11

IV. OBJECIONES AL SÁBADO

a. Para los judíos Gen.2.1-3

b. Era una fiesta judía Ex.20.8-11

c. Quedó abolido en la cruz Luc.23:53-56; Hech.17:2

d. Jesús lo cambio en honor de la resurrección 2 Cor.11:24-26

e. Jesús lo ratificó con su ejemplo Luc.4:16

f. **El día del señor es el domingo Mar.2:27-28**

V. EL ORIGEN DEL DOMINGO ES PAGANO POR UN PODER QUE SE OPONE A LA LEY DE DIOS. DN.7:25

a. Era un día de adoración al sol en la sociedad egipcia, babilónica y romana

b. **El domingo no se guardó mientras los apóstoles vivieron (siglo I) Fue Constantino**

Un emperador romano el que lo ordeno como día de reposo el 7 de marzo de 321

"Descansen todos los jueces, la plebe de las ciudades y los oficios de

Todas las artes en el venerable día del sol"

c. Esta apostasía estaba profetizada 2 Tes.2-12.

CONCLUSIÓN

Dios no ha cambiado el sábado por el domingo esto lo hicieron los hombres en desobediencia al Señor.

El asunto no es de un día contra otro día, se trata de quien recibe nuestra adoración. Detrás del día está la lealtad al autor del día. El sábado es de Dios el domingo de los hombres, se trata de si somos fieles a Dios o si obedecemos a los hombres. Se trata de querer adorar a Dios o negarme a adorarlo.

LLAMADO

Hasta cuando claudicareis entre dos pensamientos si Jehová es Dios seguidle y si Baal id en pos de él. 1 Rey.18:21

Juan obrero fiel de Dios

Dios está llamando a los que desean ser fieles

LA BATALLA POR EL CONTROL DEL UNIVERSO

Este es el eje teológico de todas nuestras creencias en la Iglesia Adventista del Séptimo Dia. Tome su Biblia y vamos a la Batalla.

Luc.6:45

45 "El hombre bueno, del buen tesoro de su corazón saca lo bueno; y el hombre malo, del mal tesoro de su corazón saca lo malo; porque de la abundancia del corazón habla la boca."

La biblia presenta varias escenas asombrosas sobre la guerra entre Cristo y Satanás

Job 1, 2

Mateo 4:1-11

Daniel 11:1

Zacarías 3:1-4

Judas 9

Apocalipsis 12:7-12

FT: La batalla aún no ha terminado. Hoy el

escenario de guerra es la mente de cada ser humano

I. **BATALLA EN EL CIELO**

Apoc.12:7-9:

II. "7 Después hubo una gran batalla en el cielo: Miguel y sus ángeles luchaban contra el dragón; y luchaban el dragón y sus ángeles; 8 pero no prevalecieron, ni se halló ya lugar para ellos en el cielo. 9 Y fue lanzado fuera el gran dragón, la serpiente antigua, que se llama diablo y Satanás, el cual engaña al mundo entero; fue arrojado a la tierra, y sus ángeles fueron arrojados con él.

Miguel aparece 5 veces en 4 capítulos de la Biblia: Daniel 10 (Miguel pelea contra el príncipe de Persia); Daniel 12 (se levanta para librar al pueblo de Dios del tiempo de Angustia); Judas 9 (contiende contra Satanás por el cuerpo de Moisés) y Apocalipsis 12 (otra vez pelea contra el Diablo). En todos hay una Batalla.

Solo hay 2 grupos no existe término medio. O somos del grupo de Miguel o del grupo del Dragon.

Todo en el cielo era armonía y paz. Todos los seres creados eran perfectos. Entre estos estaba Lucifer

Ez.28:14-15:

"Tú, querubín grande, protector, yo te puse en el santo monte de Dios, allí estuviste; en medio de las piedras de fuego te paseabas. Perfecto eras en todos tus caminos desde el día que fuiste creado, hasta que se halló en ti maldad."

Los querubines viven junto al trono de Dios, son seres celestiales. Y estaba simbolizado en las imágenes de querubines que cubrían el propiciatorio en el santuario. Porque Dios habita entre querubines.

b. Pero Lucifer se confundió deseando el trono de Dios y se corrompió su corazón

Isa.14:12-14:

"!!Cómo caíste del cielo, oh Lucero, hijo de la mañana! Cortado fuiste por tierra, tú que debilitabas a las naciones. Tú que decías en tu corazón: Subiré al cielo; en lo alto, junto a las estrellas de Dios, levantaré mi trono, y en el monte del testimonio me sentaré, a los lados del norte; 14 sobre las alturas de las nubes subiré, y seré semejante al Altísimo."

Quiere el control del santuario, del trono de Dios para recibir la adoración que le corresponde a Cristo. Dios no comparte su Gloria.

No pudo conquistar el santuario celestial, Por lo cual lo expulso Dios del cielo

Apo.12:9:

"Y fue lanzado fuera el gran dragón, la serpiente antigua, que se llama diablo y Satanás, el cual engaña al mundo entero; fue arrojado a la tierra, y sus ángeles fueron arrojados con él."

Cuando lo botan, Satanás lo perdió todo.

Lo mismo le puede pasar al que vaya detrás del diablo.

III. CONFLICTO ALCANZA LA TIERRA

Gn.3:1-6

Al no poder conquistar el Santuario Celestial Satán se empeñó en gobernar el primer Santuario de Dios en la Tierra; El Jardín del Edén.

Adán y Eva debían guardar el mandato de Dios.

Gen.2:15-17

"Tomó, pues, Jehová Dios al hombre, y lo puso en el huerto de Edén, para que lo labrara y lo guardase. Y mandó Jehová Dios al hombre, diciendo: De todo árbol del huerto podrás comer; mas del árbol de la ciencia del bien y del mal no comerás; porque el día que de él comieres, ciertamente morirás.

Elena White: "Satanás hallo un nuevo campo de acción para su enemistad contra Dios, al tramar la ruina de la raza humana". (Patriarcas y profetas cap. 2).

Usa la misma estrategia del cielo sembrar duda del carácter y la palabra de Dios.

Satanás los tentó a desobedecer y los engañó.

Gen.3:1-6":

"Pero la serpiente era astuta, más que todos los animales del campo que Jehová Dios había hecho; la cual dijo a la mujer: ¿Conque Dios os ha dicho: ¿No comáis de todo árbol del huerto? Y la mujer respondió a la serpiente: Del fruto de los árboles del huerto podemos comer; pero del fruto del árbol que está en medio del huerto dijo Dios: No comeréis de él, ni le tocaréis, para que no muráis. Entonces la serpiente dijo a la mujer: No moriréis; 5 sino que sabe Dios que el día que comáis de él, serán abiertos vuestros ojos, y seréis como Dios, sabiendo el bien y el mal. Y vio la mujer que el árbol era bueno para comer, y que era agradable a los ojos, y árbol codiciable para alcanzar la sabiduría; y tomó de su fruto, y comió; y dio también a su marido, el cual comió, así como ella."

Al pecar todos traicionamos a Dios. Nos fuimos de parte del dragón. Enemigos de Dios. Hijos de ira. Esclavos del pecado.

El hombre pecó.

Rom.5:12:

"Por tanto, como el pecado entró en el mundo por un hombre, y por el pecado la muerte, así la muerte pasó a todos los hombres, por cuanto todos pecaron."

Adán y Eva le ceden la corona de príncipe del Sistema Terrestre.

El nuevo Gobierno que implemento el reino de la muerte. Por eso están pasando tantas cosas malas en el mundo.

El pecador está sujeto al diablo.

1 Jun. 3:8:

"El que practica el pecado es del diablo; porque el diablo peca desde el principio. Para esto apareció el Hijo de Dios, para deshacer las obras del diablo."

Primera de Timoteo dice que Adán no fue engañado. El peco por temor a perder a Eva quien había sido engañada.

Se limita a decir: "La mujer que me diste me dio de comer". Sus sentimientos fueron más fuertes hacia la criatura que al Creador. Reveló la debilidad de amor.

Se inicia la batalla por el corazón del hombre. Dios no abandono la pareja a su propia suerte, movido por su amor les dio una oportunidad más

Gn.3:15:

"Y pondré enemistad entre ti y la mujer, y entre tu simiente y la simiente suya; ésta te herirá en la cabeza, y tú le herirás en el calcañar."

Aunque éramos enemigos de Dios, Dios puso enemistad entre nosotros y la serpiente.

Elena White mencionó:

"La Gracia que Cristo derrama en el alma es la que crea en el hombre enemistad contra Satanás. Sin esta gracia transformadora y este poder renovador, el hombre seguirá siendo esclavo de Satanás, siempre listo para ejecutar sus órdenes. Pero el nuevo principio introducido en la alma crea un conflicto allí donde antes reino la paz. El poder que Cristo comunica habilita al hombre para resistir al tirano y usurpador". (El conflicto de los siglos, cap. 31, p 496).

Cristo venció a Satanás a favor del ser humano en el desierto Mat.4:11 "11 El diablo entonces le dejó; y he aquí vinieron ángeles y le servían."

Jesús nos compró a precio de sangre en la cruz.

Y en la tumba, también al resucitar de los muertos rotas las cadenas

de la muerte Ap.1:18 "18 y el que vivo, y estuve muerto; más he aquí que vivo por los siglos de los siglos, amén. Y tengo las llaves de la muerte y del Hades."

Satanás está muy airado contra todo lo que proviene de Dios Ap.12:12 “12 Por lo cual alegraos, cielos, y los que moráis en ellos. !!Ay de los moradores de la tierra y del mar! porque el diablo ha descendido a vosotros con gran ira, sabiendo que tiene poco tiempo.”

Juan 10:10

“El ladrón no viene sino para hurtar y matar y destruir; yo he venido para que tengan vida, y para que la tengan en abundancia.”

Hambres, Tormentas de nieves de hielo y de todo tipo, Huracanes, Tornados, Terremotos, Tsunami en Japón, Chile, Haití; grandes inundaciones en Colombia, Brasil, Australia;

Plagas (azotes", "tormento", "sufrimiento” "golpe", "herida", "desgracia").

Generalmente, en las Escrituras, un juicio divino como castigo por el pecado, usualmente una enfermedad virulenta o una catástrofe producida por fuerzas naturales, como las 10 plagas que cayeron sobre Egipto, la "plaga" que cayó sobre Israel por censurar a Moisés cuando Dios destruyó a Coré, Datán y Abiram, o la "plaga" que siguió a la apostasía en Sitim. Se llama "plaga" a la muerte de los primogénitos, así como a la lepra. "Plaga" es "pestilencia", llaga ulcerosa, como el ántrax moderno; "pestilencia"* o "peste". Diversas enfermedades incurables.

Las primeras 9 de las 10 plagas con las que Dios consiguió que Faraón liberara a su pueblo de Egipto se manifestaron en el campo de la naturaleza: 1. El río Nilo se volvió sangre. 2. Ranas. 3. Piojos. 4. Moscas. 5. Peste en el ganado. 6. Ulceras en los hombres. 7. Granizo. 8.

Langostas. 9. Oscuridad sobrenatural.

Esas pestes vinieron en un momento exacto con una intensidad sin precedentes. La 10ª plaga ocasionó la muerte simultánea de los primogénitos de todas las familias en todo Egipto.

Durante toda su historia, el pueblo hebreo sufrió de varias plagas, siempre por algún acto de abierta desobediencia. La primera de ellas siguió a la adoración del becerro de oro. Otra cayó cuando el pueblo murmuró porque quería carne, y otra más en Cades-barnea por la rebelión después del informe negativo de los 10 espías. Más de 14,000 personas murieron por la plaga que siguió al revelarse Coré, Datán y Abiram. 24,000 murieron por causa de la idolatría y la inmoralidad en Baal-peor. Siglos después murieron 70,000 de una plaga cuando David, por vanidad, hizo un censo en Israel.

En Apocalipsis 15 y 16 se predicen 7 grandes plagas que caerán sobre la tierra antes del regreso de Cristo. 7 ángeles salen del templo de Dios en el cielo. La 1ª es la aparición de grandes epidemias para los que están del lado de satanás; de llagas virulentas e incurables, mientras que la 2ª y la 3ª ningún agua sirve ni de mar, ni de rio, ni de manantiales. La 4ª y la 5ª efectos devastadores del cambio climático, viene un calor insoportable, con crisis en el liderato. La 6ª en esencia es el engaño que produce la reunión de las naciones en contra del pueblo de Dios para la Batalla del gran día de Dios. Lucha por el dominio de la conciencia humana. Bajo la 7ª plaga, Cataclismo final. relámpagos, granizo y terremotos, y la Babilonia mística llega a juicio delante de Dios, ¡Cristo vuelve a la Tierra!

Ya no más rebeldía de los hijos. Un policía mata a su familia, sus suegros y se suicidó.

IV. GUERRA POR EL DOMINIO DE LA MENTE HUMANA

LUC.6:45:

“El hombre bueno, del buen tesoro de su corazón saca lo bueno; y el hombre malo, del mal tesoro de su corazón saca lo malo; porque de la abundancia del corazón habla la boca.”

La regla de oro. – Hilliel, Tobias, Aristeas vs. + Jesús

Los grandes pensadores de otros tiempos y de otras culturas han descubierto y expresado la verdad presentada en la regla de oro, pero por lo general lo han hecho en forma negativa. Hillel, famosísimo rabino de la generación anterior a Jesús: "Lo que te resulte odioso a ti, no se lo hagas a tu prójimo; en eso consiste toda la Torah, y lo demás es comentario acerca de esto" (Talmud Shabbath 31a). La regla de oro aparece también en el libro apócrifo de Tobías (cap. 4:15): "No hagas a nadie lo que no quieras que te hagan" (Biblia Jerusalén). En la Carta de Aristeas se lee: "Así como no deseas que te sobrevenga el mal, sino que deseas participar en todo lo bueno, así debieras tratar con los que te están sujetos y con los transgresores".

Debe notar que Jesús transformó de negativo a una regla positiva. En esto está la diferencia entre el cristianismo y todos los sistemas religiosos falsos, y entre el verdadero cristianismo y aquella religión que tiene las formas, pero niega el poder vital del Evangelio.

La regla de oro toma el egoísmo supremo, lo que querríamos que otros hicieran por nosotros, y lo transforma en suprema abnegación, hacer en favor de otros. Esta es la gloria del cristianismo. Esta es la vida de Cristo vivida en los que le siguen y llevan su nombre.

Cristo y Satanás guerrean por el corazón del ser humano.

Zac. 3:1-2 "1:

Me mostró al sumo sacerdote Josué, el cual estaba delante del ángel de Jehová, y Satanás estaba a su mano derecha para acusarle. Y dijo Jehová a Satanás: Jehová te reprenda, oh Satanás; Jehová que ha escogido a Jerusalén te reprenda. ¿No es éste un tizón arrebatado del incendio?";

Jud.9 "Pero cuando el arcángel Miguel contendía con el diablo, disputando con él por el cuerpo de Moisés, no se atrevió a proferir juicio de maldición contra él, sino que dijo: El Señor te reprenda."

La voz de la conciencia nos dirige hacia Dios Is.30:21 "21 Entonces tus oídos oirán a tus espaldas palabra que diga: Este es el camino, andad por él; y no echéis a la mano derecha, ni tampoco torzáis a la mano izquierda.

Satanás también está al asecho, maquinando.

1 Pd.5:8:

"Sed sobrios, y velad; porque vuestro adversario el diablo, como león rugiente, anda alrededor buscando a quien devorar;"

Gusto natural por lo prohibido, anarquía, David (2

Sam.1-12) Lea todas las Guerras allí.

El peligro de tratar de ocultarse solo te engañas a ti mismo. Prov. 16.25

"Hay camino que parece derecho al hombre, Pero su fin es camino de muerte."

Nunca engañaras a Dios Gal. 6:7"

"No os engañéis; Dios no puede ser burlado: pues todo lo que el hombre sembrare, eso también segará."

No se puede servir a dos señores

Mat. 6:24:

"Ninguno puede servir a dos señores; porque o aborrecerá al uno y amará al otro, o estimará al uno y menospreciará al otro. No podéis servir a Dios y a las riquezas."

CONCLUSIÓN

El centro de la batalla es nuestra mente. Satanás quiere dominarla con mentiras, Jesús quiere dominarla y libertarnos de Satanás con la verdad.

No se puede ser neutral en esta batalla.

En las guerras el pueblo de Dios se echaba para atrás como si estuvieran en desventaja. Pero es parte de la estrategia cuando el enemigo pensaba que tenía la batalla ganada. A la instrucción de Dios... La otra parte del Pueblo estaba atrás conquistando la ciudad que habían dejado por seguir al grupito fingiendo que por ser pocos echaron a correr por debilidad.

Boxeo (griego puktéuÇ, "boxear", "pelear con los

puños").

Oración:

MARAVILLOSA LEY DE LA LIBERTAD

Propósito: Presentar la eterna validez de la ley de Dios

INTRODUCCION:

Dios tiene orden y organización en todo lo que hace en el universo todo lo que existe está estabilizado por las leyes que lo rigen, la ley de la gravitación universal mantiene los planetas dentro de sus órbitas. La gravedad terrestre mantiene todos los elementos terrenales en orden sobre la tierra. Así ocurre con el mar el viento, los volcanes. El desarrollo de los seres vivos también está basado en un orden que lo equilibra.

FT: La conducta moral del hombre también tiene principios fundamentales que lo equilibran

I. Las leyes divinas están basadas en su amor Mat.22:37-39

a. La ley es santa Justa y buena Rm.7:12

b. El amor es el fundamento y la razón de ser de cada mandamiento del Señor

c. El amor es la norma de conducta de Dios Juan 3:16

d. Jesús resumió la ley en dos mandamientos, ¿Por qué? Porque allí están contenidos todos los mandamientos de la ley eterna de Dios, recordemos que la Ley fue escrita en dos tablas. Una tiene los preceptos que rigen la relación del hombre con Dios y la otra la relación del hombre con su prójimo Ex.20:3-17.

e. Esta ley fue escrita por el dedo mismo de Dios Ex.31:18

f. La ley debe ser toda la ley Sant.2:10

II. EL EVANGELIO COMPLETA LA LEY DE DIOS Y LA PERFECCIONA

a. Por la desobediencia a la ley de Dios estamos condenados

b. Jesús no vino para quitar la ley sino para obedecerla, Mat.5:17-18. Nos dio ejemplo. Su obediencia es presentada a Dios en lugar de la nuestra Rm.5:19. Pero nos insta a vivir de acuerdo a sus principios.

c. Por su gracia nos liberto de la maldición de la ley, tomando la maldición sobre sí mismo Gal.3:13. Él nos liberta del pecado y su poder que no lleva a querer hacer lo malo y permanecer en desobediencia. Somos esclavos del pecado por naturaleza. Así que si el hijo nos liberta somos realmente libres.

d. La gracia no quita la ley sino que la confirma Rm. 3:31, la fe no quita la validez del mandamiento, sino que le confirman y nos capacita para obedecer.

El peligro de la desobediencia está siempre presente. Pero cuidado hay caminos que al hombre parece derecho pero su fin es camino de muerte.

e. Mucha paz tienen los que aman tu ley

f. Bienaventurados los que meditan en la Ley de Dios de día y de noche

g. En el nuevo pacto la ley está en el corazón por el poder del Espíritu Santo Heb.8:10

III. DIOS NOS LLAMA A OBEDECER POR AMOR A DIOS

a. Jesús dijo si me amáis guardad mis mandamientos Juan 14:15

b. El amor verdadero solo se muestra en obediencia Juan 14:21-24

c. El que conoce a Dios guarda sus mandamientos 1 Juan 2:3-6

d. Los mandamientos de Dios no so gravosos 1 Juan 5:2-3

CONCLUSION

LA LEY DE Dios es una ley de amor

Sus mandamientos no son una carga sino una delicia

Bienaventurado el que se deleita en la ley de Dios

Dios nos llama hoy a la obediencia

LLAMADO:

Rut tu pueblo será mi pueblo donde tú mueras moriré yo y tu Dios será mi Dios.

Rut escogió a Dios

¿Cuántos escogen a Dios y la obediencia?

¿QUÉ SUCEDE CON EL HOMBRE AL MORIR?

Ap.1:18

PROPÓSITO: Dar las evidencias bíblicas que muestran que los muertos están descansando en sus sepulcros hasta el día de la resurrección

INTRODUCCIÓN:

Es muy común hablar de los muertos como si estuvieran vivos. De hecho, hay varias creencias sobre el estado y el lugar donde están de los muertos

- Que reencarnan en otros seres naturales (hindúes)
- Que su espíritu queda vagando por los aires
- Que van a gozar de dicha eterna junto a Ala (musulmanes)
- Que los buenos van al cielo, los malos al infierno y los tibios al purgatorio (católicos)

Yo no voy a decirles cuál de estas es la creencia correcta. La biblia nos dirá la verdad sobre el estado y el lugar donde descansan nuestros seres queridos que murieron.

Estas creencias, aunque marcadamente diferentes tienen algo en común que el alma es inmortal, que después de muertos los seres humanos siguen vivos.

FT: Veamos la opinión de los escritores bíblicos sobre el estado de los muertos.

I. LA MUERTE ES EL PROCESO OPUESTO A LA CREACIÓN Ecl.12:7

a. Formula de la vida: polvo de la tierra más el aliento de vida igual a alma viviente o ser viviente **Gn.2:7** ecuación simple pero la más poderosa.

b. ¿Qué ocurre al morir? En la muerte estos elementos que Dios unió se separan Ecl.12:7. Polvo menos aliento de vida igual a hombre muerto.

c. ¿El espíritu de quién va a Dios? ¿el de los buenos o el de los malos? (Preguntar y votar) el espíritu de ambos.

d. ¿Qué es lo que vuelve a Dios? El espíritu. ¿Cómo queda el cuerpo sin el espíritu? Muerto. ¿Cómo queda el espíritu sin el cuerpo? Muerto

Ilustración: La energía sin bombillo no alumbra

La energía es viva, pero no es una persona

El espíritu es vivo, pero no es una persona. La energía y el espíritu son elementos intangibles, pero son cosas no personas

Hay una gran diferencia entre una persona y una cosa

II. ORIGEN DE LA INMORTALIDAD DEL ALMA Gn.3:4

a. Satanás en el edén

b. Platón entre los griegos

c. Los cristianos la adoptaron de los griegos mediante San Agustín de Hipona en el siglo V

d. Esta doctrina bíblicamente está basada en textos sacados de sus contextos como Luc.16:

e. Esto es una parábola y las parábolas tienen un propósito pedagógico no doctrinal, enseñan una lección no una doctrina. Jesús con esta parábola no se proponía sacar una nueva doctrina sino enseñar una hermosa lección: a saber, que los líderes judíos por no ser obedientes a la ley de amor establecida por Dios, eran tan incrédulos que ni si un muerto se levanta y les predica se arrepentirían. Y eso ocurrió después, Lázaro se levantó de los muertos y no creyeron ni se arrepintieron.

f. Lo mismo ocurre con la doctrina de los tormentos eternos. Isa.66:24. El infierno del fuego eterno se refería a un lugar cerca de Jerusalén situado en el valle de Hinom, donde arrojaban la basura de la ciudad y por eso estaba lleno de gusano y fuego encendido todo el tiempo. El infierno o Hades no es un lugar a donde van los muertos o el alma a sufrir o quemarse bajo la tierra porque ese lugar simplemente no existe.

g. Y no llegara a existir nunca. ¿cómo puede un Dios de amor gozar de dicha mientras sus criaturas son atormentadas día y noche? Imposible.

h. El fuego es eterno en sus consecuencias y no en su duración porque de ser así Sodoma y Gomorra estaría ardiendo todavía por ellas fueron castigadas con el castigo del juicio final para ser puestas como ejemplo Jud.7.

i. Presuposición falsa: que el alma es inmortal. Ahí es donde está el error.

j. Esta doctrina surgió de la boca de la serpiente y se trasmitió por Platón y los griegos y de ellos fueron adoptadas por Roma y luego por los cristianos, hasta nuestros días.

k. Si creemos esta doctrina volvemos a caer en el engaño de la serpiente antigua que se llama diablo y Satanás.

l. Pero la palabra de Dios permanece Dios dijo "si comes morirás".

III. COMO LOGRAR LA INMORTALIDAD Rm.2:6-7

a. ¿Si buenos y malos van a Dios cual es la diferencia entre servir a Dios y no servirle? ¿De qué me sirve privarme de tantas cosas por servir a Dios si al fin los malos también van a Dios? Nótese que no dije todas se salvan, sino que todos los espíritus van a Dios **Juan 5:24-29**

b. Si la energía vuelve a la bombilla pues esta vuelve a alumbra si Dios devuelve

el espíritu a los cuerpos estos vivirán. 1 Cor.15:20

c. Todos los hombres resucitaran para recibir el pago por lo que hicieron en vida Dan.12:2

d. Esta lección se repite en la parábola de las ovejas y los cabritos Mat.25:31-46

e. Entonces se notará la diferencia entre el que sirve a Dios y el que no le sirve Mal.3:18

f. Los malos serán destruidos por el fuego purificador de Dios Mal.4:1,3.

g. Los justos heredarán la tierra y vivirán en ella por los siglos eternamente Rm.2:6-7.

CONCLUSIÓN

El único muerto que resucitó por si mismo fue Jesús **Ap.1:18.**

Los muertos no saben nada ni participan en el mundo de los vivos Job 7, 14

Solo descansan en un sueño, el sueño de la muerte hasta la segunda venida de Cristo cuando se dé la resurrección de los Justos **1 Tes.4:13-17; 1 Cor.15:23**

LLAMADO

Jesús resucitó a Lázaro **Juan 11: 1-46**

"yo soy la resurrección y la vida" "el que tiene al hijo tiene la vida, el que no tiene al Hijo de Dios no tiene la vida". El que no tiene al Señor Jesús en su corazón, aunque no esté en la tumba está muerto.

“El que cree en mi, aunque este muerto vivirá y el que vive y cree en mi no morirá eternamente”

¿Quieren escapar a la muerte? ¿Tienes miedo de morir? ¿Quieren tener vida eterna? ¿No quieren morir y ser condenados? ¿Qué pasaría con tu vida si mueres hoy? ¿Qué te asegura que no puede ser así? ¿A caso tienes comprado el mañana?

Dale tu vida a Jesús, comienza a vivir con él y para él desde ahora en adelante. “Si oye hoy su voz no endurezcas tu corazón”. “Hoy es el día oportuno hoy es el día de la salvación”

Cuantos están dispuestos a dar su vida a Jesús definitivamente mañana a través del santo bautismo.

Ven no temas.

Levántate ven ahora recibe a Jesús en tu corazón, ábrele tu corazón y ven

Confiesa tus pecados y pídele perdón te lo dará abundantemente.

UN DIOS DE VICTORIA Y MISERICORDIA

Mensaje: Dios muestra su poder y su misericordia a favor de sus hijos.

Propósito: Mostrar que, aunque Dios actúa con poder en la vida de su pueblo, la persecución y el desaliento pueden aparecer en cualquier momento.

Introducción: Vamos a ver como Dios obró por medio de Elías, y sin embargo poco tiempo después Elías deseaba la muerte; pero Dios estaba con él.

I. Un gran desafío

a. ¿Hasta cuándo? (1Rey: 18:20, 21)

b. He quedado solo (v. 22)

c. Quien responda es el verdadero Dios (v. 23, 24)

II. ¿Quién lo alcanzará?

a. Esperanza frustrada (v. 25-29)

b. Un desafío mayor (v. 30 – 35)

c. El Señor es Dios (v. 36-40)

III. Basta ya Señor, quita mi vida

a. Sentencia de muerte (1Rey. 19:1, 2)

b. Temor y deseo de morir (v. 3,4)

c. Dios estaba con él (v. 5,8)

Conclusión: No importa el desafío, para Dios es posible, porque siempre está con sus hijos.

Llamado: ¿Tienes temor? En Dios está el poder para vencer.

RECUPERANDO LO PERDIDO

Mensaje: Dios busca y salva a la humanidad descarriada y perdida.

Propósito: Mostrar desde el Génesis hasta el Apocalipsis la realidad del conflicto entre el bien y el mal.

Introducción: Si Dios hizo todo perfecto ¿Por qué vemos tantas imperfecciones? ¿Qué le ocurrió al mundo?

I. Un problema difícil de resolver

a. Todo bueno en gran manera (Gen. 1:31)

b. Una señal (Gen. 2:15 - 17)

c. Desobediencia a Dios (Gen 3: 1 – 13)

II. El problema y su solución

a. Separación en Dios y el hombre (Gen. 6:5; Is. 59:1,2)

b. Camino de muerte o de vida (Rom: 3:22-24; 6:22-23)

c. Cristo es la solución ¿Por qué? (Lu. 19:10; Jn 3: 16-19)

d. Un camino de regreso al Padre (Jn. 14: 1-6)

III. La mayor esperanza del cristiano

a. Un cielo nuevo y una tierra nueva (2 Jn 3:13, 14)

b. Libres del conflicto presente (Apoc. 21: 1-7)

Conclusión: Dios hizo todo perfecto, pero por la desobediencia humana se produjo la separación entre el creador y su creación. Pero Dios en su amor vino y nos rescató de la muerte eterna.

Llamado: ¿Te gustaría heredar en el cielo nuevo y la tierra nueva? Lo único que debes hacer es vencer con Jesús.

UNA RAZÓN PODEROSA PARA SEGUIR VIVIENDO

Las ciudades de nuestro mundo están llenas de personas que están desesperadamente solas. La venta de barbitúricos y antidepresivos se ha disparado. Se dice que la depresión es la enfermedad número uno en este siglo. Aparentemente los hombres y las mujeres no pueden escapar de las garras de la presión y la soledad. La gente se pregunta desde lo más profundo de su vida hoy: ¿Hay alguien más allá de las estrellas a quien yo le importe? ¿Alguien que realmente me ame? ¿Realmente tengo una razón para vivir, para existir?

LA BUSQUEDA DE UN SENTIDO POR LA HUMANIDAD

En todos lados se hace la misma pregunta: ¿Hay algún significado o propósito para la vida? ¿Soy un puñado de polvo cósmico destellando en un planeta? ¿Soy sólo un tarro de gaseosa botado junto al camino? ¿O un simple grano de arena en la playa, un pedazo de papel volado por el viento en la calle? ¿O tal vez un accidente biológico, el producto de la evolución, inteligente, moral pero animal al fin?

Hagamos un viaje esta noche para descubrir la respuesta y escuchemos lo que nos dicen los viejos profetas. Pensemos en Job que nos dice "Ponte a cuenta con Dios y está en paz". Estar a cuenta con Dios, quien nos dio forma y nos diseñó nos traerá paz a nuestros corazones.

Demos una vuelta por el universo. Lo primero que vemos ante nosotros es la luna, que esta distante a 240.000 millas de distancia. Esta relativamente cerca si lo comparamos con el sol. Distante a unos 150 millones de kilómetros de distancia. ¡Pensar entonces que la próxima estrella más cercana a la nuestra es Alfa Centauro distante a 416 trillones de kilómetros de distancia de nuestro sistema solar! (Job 22: 12) El universo es, pues, una obra vasta, infinita, de esplendorosa magnificencia.

¿QUIÉN PUEDE CONTAR LAS ESTRELLAS?

Los antiguos observadores del universo, sólo a simple vista, contaron las estrellas y dijeron que había 5.119 de ellas. Intente en un lugar apartado o el techo de un edificio hacer lo mismo y tal vez logre acertar un número o más. ¡Sin embargo la invención de los telescopios vino a demostrar que lo que veíamos como estrellas, eran galaxias! Es más, en el observatorio de Monte Palomar se ha descubierto que en la parte más visible ¡Solamente se pueden ver 200 billones de estrellas! En Jeremías 32: 22 se nos dicen que "La hueste de los cielos no puede ser contada", así como los granos de la arena del mar tampoco pueden serlo.

INCREÍBLE MOVIMIENTO Y ENERGIA

Lo excitante de estos cuerpos celestiales es que estos no están inmóviles, sino que se desplazan a lo largo del espacio. La tierra se mueve a 66.000 millas por hora a través del espacio. Un astrónomo dijo: "Nuestro hogar en el universo es una espiral de 200.000 estrellas, una unidad de ardientes remolinos giratorios a través del universo, Para que exista movimiento debe haber una fuerza que lo produzca. Las cosas no se ponen en movimiento por sí mismas, se quedan descansando hasta que alguien las pone en movimiento.

Imaginémonos que fuerza tremenda podría poner en marcha tales masas impresionantes a tan grandes velocidades. ¿De dónde vendrá tal colosal energía? Nada menos que del Creador. Eso es lo que ve el creyente.

En Isaías 40: 26 Podemos leer que Dios es el formador de tales colosos, él que les da movimiento y los guía, ¡incluso llama a todas las estrellas por su nombre! ¡Qué poderoso Dios es! Y si él sabe los nombres de 200 billones de estrellas, Él no ha olvidado tu nombre, amigo mío. Lo que a ti te importa, a Él le importa, lo que te preocupa, a Él le preocupa. Aunque su obra sea tan inmensa El no dejará de conocer tu nombre y cuidar de ti.

EL DISEÑO DEMANDA UN DISEÑADOR

El universo entero indica que en su diseño nada es aleatorio o casual, indica armonía y sistema, precisión y orden. Con todos esos planetas y estrellas pasándose las unas a las otras indican un diseño sin igual, inteligente, lo que habla sin duda de un Diseñador inteligente. Cuando vemos a Saturno y sus fantásticos anillos, cuando vemos los otros planetas con semejantes órbitas, la simetría, la precisión, todo indica a un Dios Creador y amante.

El Dios que diseñó tal perfección y grandeza puede colmar de sentido tu vida. El Dios que guía las estrellas quiere guiar tu vida. El Dios que mantiene todo bajo control quiere tener bajo control tu vida. Aunque a la gente buena le ocurran cosas malas no son casuales y selectivos eventos malignos. El Dios que esta al control del universo tornará lo malo de tu vida en bueno, la tristeza en gozo. Aquel que es lo suficientemente grande como para regir el universo tiene su vida en tus manos.

Un universo tan complejo y armonioso más perfecto que un reloj no puede haber originado de una mera explosión accidental, creer eso sería menospreciar la perfección e inteligencia del diseño universal. Creer por otra parte que Dios está más preocupado de las estrellas que de nuestra vida es negar su inteligencia. ¿Acaso ustedes padres no se preocupan de sus hijos? ¿Nos desatiende Dios? (Colosenses 1:17) Hoy él nos invita amorosamente a unirnos a la armonía de su cosmos. Ven hoy a Cristo, porque llenará tu vida de significado, llenará el vacío de tu corazón. Sentirás calma en tu alma porque sabrás que tu vida está en sus manos.

LA EXISTENCIA DE MATERIA FISICA

La innegable ley de causa efecto nos enseña que las cosas no ocurren porque si, sino que se deben a una causa que procede a un efecto y que ésta es suficiente para producirlo. La existencia de la materia es una realidad más allá de toda disputa. Ex nihilo nihil fit es una frase en latín que quiere decir "de la nada, nada proviene". Así que la existencia tanto de un solo átomo o de una supernova ya son un poderoso argumento para Dios como Creador. La materia, sólida, líquida o gaseosa tiene un origen. Todo lo que hay es una evidencia de su existencia.

Esto fue entendido claramente por Napoleón Bonaparte, quien, un día, rumbo con sus huestes hacia Egipto, cansado de los argumentos ateos de un grupo de sus oficiales, les dijo: "Sus argumentos son muy inteligentes caballeros, pero, ¿quién hizo todas estas estrellas? (Se cita salmos: 19: 1-3).

Algunos me dicen: ¿Ha visto a Dios? Cuando camino por la playa y veo huellas de otros pies, sé que yo no las hice, otro camino aquí antes que yo. Contemplando los ríos, los mares, las montañas, la nieve y el agua, veo las huellas de mi Creador paso a paso.

EL DIOS DE LO HERMOSO

Observemos la belleza de la naturaleza, todas esas flores de bellos colores, sintamos la perfección de la formula del aire, en sus componentes exactos como para que no nos ahoguemos. Miremos las olas, la lluvia, el perfecto sistema de reciclaje del agua. La sabía distancia del sol para que no nos congelemos o perezcamos por el calor. Mientras más estudiamos la magnificencia de todo lo que Dios ha creado, más nos impresionamos de su poder, de Su inteligencia y del cuidado que tiene por Sus criaturas. Somos la coronación de su creación, no sólo carne y sangre. Es por eso que Él cuida de nosotros en cada uno de nuestros afanes. Sea cual sea el problema que tengamos Él está dispuesto a suplir cualquier necesidad que tengamos.

Visualicemos ahora la obra que Dios ha hecho en nuestro propio cuerpo. No es un accidente la presencia del corazón: ha sido diseñado perfectamente para bombear 7.500 litros de sangre, los pulmones que filtran 1700 litros de impurezas. Las células cerebrales alcanzan los 100 billones permitiéndole transmitir 100.000 mensajes por minuto. Mucho más magnifico que un computador. Sólo un Dios amante pudo haber diseñado tales maravillas. En lo profundo de la mente, tenemos necesidades emocionales, la necesidad de dar y recibir amor, de comunicarnos de entender y ser entendidos. Y más allá de las estrellas está nuestro Dios dispuesto a satisfacerlas y limpiar nuestras lágrimas.

Durante más de 70 años el comunismo intentó erradicar al cristianismo, borrando incluso el nombre de Dios de los trabajos científicos. Años atrás un oficial del gobierno le dijo a un campesino cristiano "Vamos a destruir la cristiandad. Derribaremos sus iglesias, quemaremos sus Biblias y demoleremos todo lo que les hable a ustedes de Dios". El campesino tranquilamente respondió: "Pero nos dejarán las estrellas". Si, así como las estrellas permanecen, ellas nos hablaran de Dios.

EL VACIO CON FORMA DE DIOS

El gran Psicoanalista suizo Carl Jung declaró que "hay en cada hombre un vacío con la forma de Dios que sólo puede ser llenado con lo divino". El impulso religioso del hombre no puede ser negado. Dios es una permanencia que se hospeda en el corazón humano. Aunque lo neguemos, el siempre intentará alcanzarnos. Sin Dios hay algo que se echa de menos en tu vida y no lo puedes llenar con nada, ni con dinero, ni con alcohol, ni drogas ni sexo, etc. A menos que caigas a los pies de tu creador y le agradezcas, encontrarás paz en tu vida.

No, nosotros no evolucionamos desde lo inmaterial, lo sin vida, como pretenden los evolucionistas. Ello es negar bases científicas elementales. Tal como lo señaló Louis Pasteur la vida solo puede provenir de la vida. En una conferencia sobre creación y evolución en Hungría se preguntó: ¿y qué hay de la genética de probeta? Podemos manipular y manipular aminoácidos en un tubo de ensayo y crear tal vez una nueva cadena, pero los aminoácidos son preexistentes. (Se cita Job 12:7-9) Las naranjas aún producen naranjas, de los loros surgen loros. De un hermoso pez nunca surgirá un tulipán. Todo se produce desde algo de su propio tipo. Más aún, así como cada copo de nieve es diferente, cada Hijo de Dios es diferente, único e irrepetible. Dios se preocupa por ti y tiene un plan especial para ti. Quiere acunarte en sus brazos y susurrarte palabras de valor. Dios se apiada de nosotros, así como un padre lo hace por sus hijos, así que no necesitas estar solo nunca más. Dios te escogió especialmente entre la multitud, está intensamente interesado en ti.

DIOS VIVE Y AMA

Dios está pendiente de todos nuestros asuntos. Él quiere que le traigas toda tu tristeza y desilusión. La Biblia dice "Dios es amor" en 1 Juan 4:8, 16. Dios no es un juez vindicativo o un tirano furibundo, no está sentado en su trono chequeando qué hiciste mal. Es tu creador, le importas, se compadece de ti. Te conoce íntimamente, le importas, se compadece de ti. Te conoce íntimamente, le importan en sumo grado los asuntos íntimos de tu corazón. Dios puede liberarte de la cárcel en que estás. En Génesis vemos el sueño de Jacob, quien ve una escalera que bajaba del cielo. Ello representa la cercanía de Dios para con nosotros. Todos podemos ir libremente por ella, no desesperemos. El mimo Jesús que sanó a los ciegos, a los sordos, el mismo que resolvió problemas entonces, puede resolver los tuyos ahora. Este mismo Jesús puede cambiar tu vida.

Durante el bombardeo de Londres durante la Segunda Guerra Mundial, la totalidad de la aviación británica luchaba contra los bombardeos, en medio del horror, una niñita, que había perdido a su madre y su hermana, le dijo a su padre que tenía miedo. Él le dijo, estamos en un refugio antiaéreo, no te preocupes, vete a dormir. Y la hija se volvió hacia su padre y le dijo: "No me puedo ir a dormir hasta que sepa que tu cara esté mirando hacia la mía". El rostro de Dios se ha vuelto hacia a ti. Amigo mío en la oscuridad y el tronar de la noche. Mira hacia arriba y mira su rostro.

CONCLUSIÓN Y LLAMADO

DEJA QUE DIOS TE LLEVE A CASA

En 1938 un músico de Jazz, negro, Tommy Dorsey vivía en un frío y pequeño departamento en Chicago. Su esposa tenía nueve meses de embarazo con su primer niño. Nevaba, Tommy tenía una invitación para tocar en St. Louis, no podía rechazarla, pese a los ruegos de su esposa, necesitaba el dinero. Le prometió a su esposa que volvería al día siguiente. Tomó el tren y partió.

Después de su presentación, recibió un telegrama en que le informaban del nacimiento de su hijo. Pero que su esposa había muerto en el parto. El comenzó a llorar y dijo "Señor ¿Por qué? ¿Dónde estaba tu rostro cuando te necesitaba? Al volver a su barrio, las noticias empeoraron, el niño había fallecido, y Tommy sufrió una depresión inconsolable por cinco o seis semana. Entonces, un día, se sentó al piano y comenzó a componer tanto la letra y música de esta canción:

Precioso Señor; toma mi mano
Guíame, ayúdame a pararme
Estoy cansado, estoy débil, estoy fatigado,
A través de la tormenta, a través de la noche
Guíame a la luz.
Toma mi mano precioso Señor;
Guíame a casa.

Cuando mi camino se vuelve penoso
Precioso Señor; permanece cerca.
Cuando mi vida casi se ha ido,
Oye mi llanto, oye mi llamada,
Sostén mi mano antes que caiga,
Toma mi mano, precioso Señor;
Guíame a casa

Tommy vio más allá de la oscuridad, más allá de la luna y de las estrellas. Vio el rostro de Dios que brillaba hacia él con gran amor y encontró nuevo valor, nuevo sentido, nueva esperanza. Tú también puedes lograrlo, ponte de pie ahora y toma la mano de Dios. Amén.

ORACIÓN

De entrega por el predicador o un maestro de ceremonia.

ENTERRAR EL PASADO

Mateo 28:19 "Por tanto, id, y haced discípulos a todas las naciones, bautizándolos en el nombre del Padre, y del Hijo, y del Espíritu Santo"

Las últimas palabras son extremadamente importantes. Al irse de viaje, a menudo los esposos les dan a sus esposas una lista de las cosas que deben hacerse y le dicen: "Querida, voy a estar afuera por un tiempo. Aquí hay una serie de cosas por hacer. ¿Podrías hacerte cargo de esto y de lo otro?".

Las palabras finales de Cristo son extremadamente importantes. Aún hay muchos que se preguntan: ¿Cuán importante es el bautismo bíblico? ¿Es el bautismo algo que hacemos porque lo deseamos o es una de las doctrinas esenciales de la escritura?

¿ES NECESARIO EL BAUTISMO?

¡Ciertamente es algo que debe ser importante

porque la Biblia lo menciona **80** veces! El bautismo es un requerimiento esencial para entrar al Reino es la manifestación externa de que somos de Él.

En Juan 3:5, Jesús nos pide nacer del agua y el espíritu. ¿Qué quiere decir "nacido del espíritu"? Quiere decir ser transformados desde adentro por obra del Espíritu Santo y testificamos de ese cambio por medio de un bautismo exterior.

UN SIGNO EXTERNO DE UN COMPROMISO INTERNO

Cuando venimos a Jesús, existe un deseo de testificar públicamente que nos hemos comprometido por medio del bautismo al igual que un hombre y una mujer que se aman desean casarse en público; con el fin de confesar ante todos que somos de Cristo y Él nos da la bienvenida como miembros de la familia de Dios.

Como la vida de un pez, el cristiano tiene su origen en el agua.

La pregunta es, ¿Qué clase de bautismo es correcto? La Biblia lo dice: Un Señor, una fe y un bautismo. Esto no implica bautizarse sólo una vez, sino que existe un solo método verdadero ¿Rociar, esparcir agua en la cabeza? Esto lo podemos encontrar en Mateo 3:5.

EL MÉTODO BÍBLICO ES LA INMERSIÓN

Cuando Jesús se bautizó en el Jordán no lo hizo

porque fuese un pecador, sino que lo hizo como un ejemplo para nosotros. Decimos no estar preparados para el bautismo por diferentes motivos, pero no es éste un símbolo de perfección sino de compromiso con Cristo. Si fuésemos perfectos no lo necesitaríamos. Cuando fui al bautisterio no era perfecto pero el bautismo de Cristo hizo méritos por mi bautismo imperfecto.

Bautizarse quiere decir que estás entregado, que has aceptado a Cristo, que entiendes lo que la Biblia enseña, que quieres seguir a Dios, que quieres unirte al pueblo que guarda sus mandamientos.

Una vez bautizados, el Espíritu Santo desciende sobre nosotros. Dios nos habla, no audiblemente, sino de un modo privado, personal, sientes en tu corazón que estas complaciendo a Dios. El Espíritu Santo nos ayuda en la tentación, nos permite superar al pecado y a Satanás.

¿ESTOY REALMENTE BAUTIZADO?

La Biblia enseña que el bautismo siempre ha sido por inmersión en un bautisterio, lago o río. Toda la gente en la Biblia fue bautizada de esa forma. Existen bautisterios en las iglesias más antiguas de Europa y el Medio Oriente. Rociar la cabeza de los bebes es un hecho reciente.

Elena White: "Fui recibida en la Iglesia Metodista para el periodo de prueba. Me preocupaba mucho el asunto del bautismo. Aunque joven, no me era posible ver que las escrituras autorizasen otra manera de bautizar que la inmersión. Algunas de mis hermanas metodistas trataron en vano de convencerme de que el bautismo por aspersión era también bíblico." (Notas biográficas de Elena White, cap. 2, p. 27).

Pre- bautismal, Bautismal y Pos- Bautismal. Nuestra misión con las almas no termina cuando se bautizan.

EL BAUTISMO DE BEBÉS NO PERTENECE A LA ESCRITURA

La costumbre data del año 1,311 DC., a raíz del concilio de Rabean, según esta doctrina, no bíblica, se establece que el bautismo de los bebés se origina en la idea de expiar el pecado heredado de Adán. ¿Condenaría el Dios de amor al infierno a bebés inocentes del pecado de sus padres? Además, el bautismo no es una especie de magia mística que automáticamente borra los pecados del niño. No hay poder en el agua ni nada por el estilo. La Escritura es clara, podemos leer en Deuteronomio 24:16 y Ezequiel 18:20 que los hijos no son culpables de los pecados de sus padres. Muchas cosas han cambiado a lo largo de los siglos, pero la Escritura permanece para siempre. ¿Comprendemos por qué Dios necesita a un pueblo que esté enseñando la verdad de su palabra aquí en la tierra?

EL BAUTISMO SIMBOLIZA TRES GRANDES ASPECTOS DEL EVANGELIO

¿Qué debe pasar en el corazón y la mente de la persona antes del bautismo? La Biblia es muy clara al respecto:

- La muerte a su antiguo estilo de vida pecaminoso, así como Cristo murió en la cruz.
- Enterrando sus pecados en la tumba de agua del bautismo, así como Cristo fue enterrado en el sepulcro.
- Levantándose otra vez para caminar rumbo a una nueva vida, como Cristo se levantó en su triunfal resurrección.

Cuando te bautizas y desciendes bajo las aguas simbólicamente mueres a la vieja persona, los viejos pecados, la autosuficiencia, la codicia y la lujuria mueren. El diablo hace su mejor esfuerzo para condenarte al poco tiempo de haberte bautizado y te dice: "Sé lo que hiciste hace dos años atrás", y tú le dices: "Lo siento, Sr. Satán, pero la persona a que usted se refiere está muerta y enterrada. Soy una nueva persona viviendo una nueva vida en Cristo".

Podríamos decir que quien no se bautiza de corazón es un "enterrado vivo", no ha rendido su vida a Cristo, su yo no ha muerto. Necesitamos creer en Cristo, desear estar en sus brazos, vivir todas nuestras mañanas con él.

Ciertos misioneros fueron a predicarles el evangelio a los indígenas americanos y un numeroso grupo de aquellos indios comenzó a leer la Biblia traducida a su propia lengua. Ellos decidieron seguir a Cristo y bautizarse. Así el obispo vino con un cáliz para efectuar el sacramento a aquellos que habían leído la Biblia. El Jefe Indio lo miró y le dijo: "Obispo, copa muy pequeña para indio y obispo". El obispo argumenta: "no es la cantidad de agua lo que importa, sino lo que está en el corazón". El jefe indio contestó: "indios han leído libro equivocado entonces". Tenemos que leer el libro correcto, hacer lo que dice, para así dirigirnos al encuentro de Nuestro Señor.

TRES PRE-REQUISITOS PARA EL BAUTISMO

Hay tres pasos que hay que tomar antes del bautismo:

Paso 1: Arrepentirse. Cuando las conciencias perturbadas por el Espíritu de Dios preguntan en Hechos 2:37: "Varones hermanos, qué haremos", La respuesta se repite desde siglos: "Arrepiéntase y bautícense en el nombre de Jesucristo para la remisión de los pecados". Tú no necesitas vivir una vida atormentada por la culpa, entra a las aguas del bautismo, lava esos pecados y serás la persona que tu quieres ser.

Paso 2: Creer. Hechos 8:37: "Felipe dijo: Si crees de todo corazón, bien puedes. Y respondiendo, dijo: Creo que Jesucristo es el Hijo de Dios." ¿Crees en Cristo? ¿Lo has aceptado como tu salvador? Si has encontrado a Cristo debes bautizarte, así como un hombre y una mujer que están totalmente enamorados no pueden descansar hasta que se casan. Cuando tú amas a Dios y su poder está sobre ti, tú mismo tienes un deseo ardiente de ser bautizado.

Marcos 16:16 El mismo Jesús dijo: El que crea y sea bautizado será salvo; pero el que no crea será condenado" Como resultado natural de creer en Cristo Jesús como la única persona que puede salvarte, te bautizas.

La creencia debe trasladarse a hechos.

Paso 3: Aprender: El tercer paso es ser enseñado, es ser instruido en la verdad de la Biblia. Y aquí hay otro argumento contra el bautismo de bebés: ellos no se pueden arrepentir y en su inocencia no tienen pecados que confesar ni de que arrepentirse. No pueden tener algún tipo de creencia en Cristo ni alguna otra cosa tampoco. Finalmente, no se les puede enseñar lo básico de la salvación.

Antes que una persona se bautice debería tener una comprensión inteligente de las enseñanzas de la Biblia. Debiéramos saber que Jesús es Nuestro Salvador. Que Cristo Volverá en las nubes de los cielos. Que el Séptimo Día de la semana es el sábado bíblico. Que cuando morimos estamos en reposo esperando que Jesús vuelva.

CRISTO ES LA CABEZA DE LA IGLESIA

Alguien preguntó si el bautismo era en Cristo o en

la Iglesia. Está en ambos. Tu primera lealtad es para con Jesús. Pero la Biblia, en Colosenses 1:18 dice que "Cristo es la cabeza del cuerpo que es la iglesia". Se une a Jesús, pero también se une a otros cristianos. Alguna gente dice que quiere bautizarse en Jesús, pero no en la iglesia, ¡qué quieren hacer! ¿Cortar la cabeza del cuerpo? Jesús es la cabeza, la Iglesia es el cuerpo, aquella que guarda sus mandamientos.

Los pioneros adventistas siguieron la formula dada por Jesús y de la Iglesia primitiva. Jaime White: "El Bautismo es una ordenanza perpetua, y los pastores del siglo XIX bautizan en el nombre del Padre, del Hijo y del Espíritu Santo, tal y como prescribía orden original." (Review and Herald, 3 febrero de 1862).

Creencia dentro de la doctrina de la Iglesia Adventista del Séptimo Día.

Por medio del bautismo confesamos nuestra fe en la muerte y resurrección de Jesucristo, y damos testimonio de nuestra muerte al pecado y de nuestro propósito de andar en novedad de vida. De este modo reconocemos a Cristo como nuestro Señor y Salvador, Ilegamos a ser su pueblo y somos recibidos como miembros de su iglesia. El bautismo es un símbolo de nuestra unión con Cristo, del perdón de nuestros pecados y de nuestra recepción del Espíritu Santo. Se realiza por inmersión en agua, y está íntimamente vinculado con una afirmación de fe en Jesús y con evidencias de arrepentimiento del pecado. Sigue a la instrucción en las Sagradas Escrituras y a la aceptación de sus enseñanzas.

Los adventistas del Séptimo Día practican el bautismo por inmersión completo porque al ser sepultados completamente debajo del agua simbolizamos que la gracia de Dios nos llena completamente de su nueva vida para el futuro. Por medio del bautismo nacemos, en verdad, otra vez en Jesús.

Así que cuando tú encuentras a una hermandad, una comunidad de creyentes que enseñan todas las cosas que Cristo ha mandado. De ese cuerpo te nutres, en ese cuerpo Adoras cada sábado junto a otros hermanos y hermanas. En ese cuerpo te unes a un pequeño grupo de oración. Cuando estoy deprimido necesito un hermano que me llame y me consuele al teléfono.

El Señor está llamando gente hoy. En las giras de nuestros pastores miles de personas han descendido a las aguas del bautismo. Este es un movimiento a escala mundial, el mensaje de Dios para este tiempo de clausura nos insta a preocuparnos de nuestra salvación. Miles de jóvenes y ancianos de todas partes del mundo vienen a Jesús a través de Hungría, a través de Rusia, USA, América Latina, Europa, etc. Un día fue bautizado un joven, que creía en el Satanismo y el adoraba a Satán de verdad. Aunque sus padres eran cristianos, él no quería saber nada de la Cristiandad, él contrajo un cáncer. Cuando comenzaron nuestras conferencias, su madre asistía a la iglesia y le llevaba a John las grabaciones. Él comenzó a escucharlas. Al cabo de un tiempo, dijo: "Quiero entregarle mi corazón a Cristo". Empezó a estudiar la Biblia y decidió bautizarse. Al ver su delicado estado de salud se pensó que sería imposible hacerlo, pero John insistió: "Es mi último deseo antes de morir" dijo. Fue llevado al baño, llenaron la bañera de agua y allí lo bautizaron. Al inclinar la cabeza para orar ¡Se pudo sentir la sagrada presencia de Dios! Después de secarse con toallas John pidió algo para tomar por primera vez.

AHORA ES TIEMPO DE ACEPTAR

Hechos 2:38 "Pedro les dijo: Arrepentíos, y bautícese cada uno de vosotros en el nombre de Jesucristo para perdón de los pecados; y recibiréis el don del Espíritu Santo.

John no murió aquel día, ni al siguiente, ni al siguiente... sino un mes después. Antes de morir se le preguntó: "¿Tienes algún mensaje?". Y John dijo: "Si, Pastor, donde quiera que vayan cuenten mi historia y dígales por favor que *no esperen demasiado.*" Jesús los llama ahora.

Hechos 22:16: Ananías invita a Pablo.

16 Ahora, pues, ¿por qué te detienes? Levántate y bautízate, y lava tus pecados, invocando su nombre.

Esta no es una decisión para después. El bautismo es para ya. Rápido. Corre a las aguas.

LLAMADO

Jesús te llama ahora, amigo, es tiempo de volver

a casa. Si nunca has sido bautizado por inmersión, es tiempo de bajar a las aguas bautismales y recibir el sacramento. Es tiempo de que tus pecados sean perdonados, tiempo de unir tu vida a Cristo. Deja tu pasado atrás. Si ya te has bautizado por inmersión, pero te has apartado quizás quieras bautizarte de nuevo.

El re - bautismo no se realiza cada vez que pecamos porque si así fuera siempre estaríamos re bautizándonos una y otra vez. Pero hay gente que le ha dado la espalda a Cristo y han roto definitivamente sus votos. En ese caso ellos necesitan re bautizarse.

RESISTIR LA TENTACIÓN

Entendemos que los problemas que nos afectan son productos del pecado. Y para llegar a pecar se tuvo que pasar por un proceso de prueba o tentación donde se decide si acceder al próximo escalón descendiente o no. Ese es el problema que nos ha llevado a sufrir tantas cosas en el Planeta.

Durante la crisis también intervienen diferentes tipos de tentaciones... ¿será que no estoy poniendo a Dios en primer lugar; la oración, la lectura, la lección, el culto familiar? ¿O quizá como un amigo de la infancia que hoy día se ha puesto a beber alcohol en cuarentena? Quizá otras drogas y narcóticos que supuestamente te hacen sentir mejor momentáneamente. Puede que la tentación en estos tiempos sea el Ser egoísta, no pensar en nadie más, velando solamente su propio bienestar. Sera que la nevera lo llama dentro de su encierro y más veces de lo común abre y cierra la puerta de la misma y la tentación es a comer en exceso sin pensar en las futuras consecuencias y como afectaran el exceso de azúcar, grasas etc. Sera que hay alguien que la cama lo está tentando a quedarse todo el día durmiendo y no salir a tomar el Sol, terminando ansioso y depresivo? ¿Habrá algún ser humano que esta tentado a solo encerrarse y voces le incitan a hacer cosas malas? Posiblemente ¿hay alguien tentado a pelear con su jefe porque lo despidió del trabajo en medio de la crisis? ¿Mil y unas cuantas personas estarán tentados a quedarse pegados del celular o la computadora haya Luna o haya Sol?

Historia de "José" y computador.

José conoce mejor el camino para llegar hasta la computadora que está en su cuarto que la manera de llegar a su salón de clases en la escuela. Pasa todo su tiempo libre con la nariz pegada al monitor. La fascinación de José con la computadora puede ser una buena preparación para una posible carrera dentro de la alta tecnología, pero para su desgracia, también es un acceso asientos de tentaciones que José ni sabía que existían.

Comenzó una noche tarde, mientras investigaba para un informe de la escuela. Sus padres y sus hermanos estaban acostados, cliqueó una palabra inocente y el buscador respondió con enlaces no tan inocentes. La curiosidad mato al gato.

Sabía, pero el breve atractivo resumen lo seducía y despertaba en el un poderoso deseo.

En su interior había una fiera batalla entre el bien el mal.

Sentía que el pulso se le aceleraba.

Pensó: "Nadie se enterará... Tengo edad suficiente como para manejarlo... Todos los varones miran revistas, voy a mirar una sola vez para ver de qué se trata, y no volveré a entrar de nuevo."

Con cada excusa su resistencia comenzaba a tambalear. Por un momento casi logró volver a la realidad cuando su conciencia (Espíritu Santo) le recordó que el pecado trae consecuencias.

Se presentó como un salvavidas que podría tomar para mantener su pureza.

La intensidad de la batalla lo sorprendió, al igual que su rápida decisión de acceder a la opción equivocada. Con un clic del mouse se vio expuesto a las imágenes fascinantes y seductoras que le producían a la vez atracción y rechazo.

Como un consumidor de drogas que busca un efecto cada vez mayor, paso alrededor de una hora navegando de sitio en sitio hasta que por último una combinación de cansancio, culpa y aburrimiento lo obligó a pagar el aparato.

¿Era el fin del mundo para José? En realidad no.

Fue a la escuela al día siguiente, entregó su informe a tiempo y la vida continúa con normalidad. No, no era el fin del mundo, pero era el comienzo de una lucha. Ahora experimenta una nueva tentación en su vida cada vez que enciendo la computadora.

Alejandro Pope:

"El vicio es un monstruo de semblante tan horrible, que sólo necesita ser visto para ser odiado. Pero si se ve muy a menudo y su rostro se torna familiar, primero lo toleramos, después nos compadecemos de él, luego lo abrazamos".

¿Qué es la tentación?

Es el deseo de hacer algo malo algo que sabemos que no debemos hacer.

Ver Santiago 1:13-15.

"Que nadie, al ser tentado, diga: «Es Dios quien me tienta». Porque Dios no puede ser tentado por el mal, ni tampoco tienta él a nadie. Todo lo contrario, cada uno es tentado cuando sus propios malos deseos lo arrastran y seducen. Luego, cuando el deseo ha concebido, engendra el pecado; y el pecado, una vez que ha sido consumado, da a luz la muerte."

Así funciona la tentación: Algo o alguien nos seduce, o un deseo.

La palabra lujuria implica un fuerte deseo, por lo prohibido.

Esa tentación - se convierte en pecado - la muerte espiritual.

Esto no significa que uno va caer muerto si cede ante la tentación, pero si significa que ese pecado afectará nuestro andar con Dios de una manera que con el tiempo puede ser mortal para nuestra vida espiritual y física sin arrepentimiento, confesión y aceptar la Gracia de Jesús quien murió por nuestros pecados.

¿Alguna vez has pescado algo con sólo arrojar el anzuelo vacío al agua? Probablemente no, ¡A menos que el pez esté demasiado hambriento o sea demasiado tonto!

La habilidad para pescar tiene mucho que ver con la manera de atraer a los peces y esa atracción está relacionada con el tipo de carnada.

CBA

"Así como el pez es atraído a su destrucción por la carnada del anzuelo, así también los hombres son cebados para caer en el pecado debido a la carnada del engaño y los halagos del pecado. La fuerza y el poder del pecado no prevalecerían si no fuera por la astucia y la seducción del pecado. Esto es evidente cuando se repasa la triste historia de los pecados de hombres y mujeres, comenzando con Eva y Adán y llegando hasta nuestros días"

¿Cómo funciona la tentación?

La tentación produce curiosidad, luego deseo, y finalmente una sensación de necesidad.

José, picó la carnada. Él sabía que no era correcto, pero después de ceder algunas veces, descubrió que no podía escapar de la trampa; había caído en una Red de pecado.

Así han funcionado las cosas desde comienzo de la razón humana. Comenzó con Adán y Eva en el Jardín del Edén.

Lee Génesis 3:6 y observa las tres cosas

que tentaron a Eva cuando la serpiente (el diablo disfrazado) la engaño:

1. La mujer vio que el fruto del árbol era bueno para comer,
2. y que tenía buen aspecto
3. y era deseable para adquirir sabiduría,

así que tomó de su fruto y comió.
Luego le dio a su esposo, y también él comió.

Encontramos una lista similar en 1 Juan 2:15 — 17

"No amen al mundo ni nada de lo que hay en él. Si alguien ama al mundo, no tiene el amor del Padre. Porque nada de lo que hay en el mundo –los malos deseos del cuerpo, la codicia de los ojos y la arrogancia de la vida- proviene del Padre sino del mundo. El mundo se acaba con sus malos deseos, pero el que hace la voluntad de Dios permanece para siempre."

Aunque puedes ser tentado en áreas diferentes a las de tus hermanos, la tentación siempre funciona de la misma manera, no importa cuál sea la carnada.

El efecto, la tentación puede tomar la forma de cualquier tipo de pecado de vida: codicia, orgullo, celos, mentira, bochinche (critica), inmoralidad sexual, falta de respeto por la autoridad, pereza, postergación, alcohol, drogas, etc.

Tal vez tu lucha sea en cuanto asistir o no a las fiestas. Antes de hacerte cristiano, ibas a todas. Ahora tienes que hacer una elección, ya que muchos de tus amigos siguen bebiendo y van a esas fiestas. Ahora sabes que no son buenas y no sólo porque en ellas se quebranta la ley, sino porque además dañan tu testimonio cristiano.

Mirando un camino de tentación.

A José se le abrió una oportunidad que no se esperaba de avanzar hacia una posición elevada. Pudo haber mirado un camino tentador gracias al cual se podrían cumplir sus sueños.

¿Sería posible que el reconocimiento que había obtenido, la promoción que había logrado, tuviera propósito de conducirlo a la oportunidad que ahora se le presentaba?

Estar con la esposa de su jefe podría llevarlo al puesto grande que con razón, con base en sus sueños, había anticipado.

Es verdad que nunca había soñado obtenerlo de esa manera. Pero tampoco nunca había soñado con ser vendido como esclavo por sus propios hermanos, lo que le esperaba que algún día se inclinaran ante él.

Esa oportunidad no la había buscado. Aquí podía haber grandes posibilidades para el cumplimiento de sus sueños.

¿Debía continuar esperando paciente y pasivamente que Dios obrara, o debía hacer todo lo que estuviera de su parte para salir adelante?

La esposa de su amo había abierto delante de él un curso de acción que muy bien podría ser la manera de salir de su condición de esclavo.

No se enloqueció, y se entregó a la lujuria. Resistió. Argumentó. Trato de razonar con ella, de hacerle ver porque no podía acceder.

Aquí estaba la oportunidad inesperada, la posibilidad de un gran avance en el cumplimiento esos sueños.

Si cedía ahora podría obtener una influencia que más tarde le daría en el mejor de los resultados y lo pondría una posición donde podría avanzar hacia la meta que Dios quería que alcanzara.

Los hombres siempre han tratado de razonar así, y es posible que José también tratara de hacerlo. Al hombre siempre lo traiciona su verdadera naturaleza. Y cuando se sigue esa tendencia, conduce a la ruina.

Es cierto, podría haber tenido una mayor influencia en la casa y hasta haber tenido éxito en sucederlo en el control. Pero no hubiera durado. Y nunca hubiera llegado hacer lo que Dios tenía mente para el: ser primer ministro de Egipto. Nunca hubiera logrado lo que Dios había planificado para el: la salvación y bendiciones de su propio pueblo.

Las tentaciones comunes de los jóvenes en los tiempos de José son las mismas que las de los jóvenes de hoy. El problema de pureza que enfrentó José es el mismo que el que tú enfrentas ahora. Los que conocen los tiempos en que vivimos, principalmente los que están al tanto de las condiciones que existen en las escuelas y colegios, en los hogares y en trabajo, sabes muy bien que los muchachos de hoy enfrentan un problema de pureza de mayores proporciones.

Es un problema para el cual puede no haber otra solución que la que Dios habilitó a José a encontrar.

Dios mismo Es la solución.

Es una solución basada en las declaraciones que Dios ha hecho en las Sagradas Escrituras e ilustrada en la historia de José.

Salmos 119:9

"¿Cómo puede el joven llevar una vida íntegra?

Y la respuesta seguidita allí:

"Viviendo conforme a tu Palabra."

Ese es el camino hacia la pureza.

¿Como vivir una vida limpia?

Primero debes guardar, prestar atención.

Hay muchas cosas en la vida que requieren atención, pero nada requiere mayor atención que el asunto de una vida limpia. Tenemos que tener cuidado de nuestros propios juicios, sentimientos, emociones o impulsos.

Este verso también enseña que hay una única manera de prestar atención, y es guardando su palabra.

Esto solo puede significar que en la palabra de Dios hay una enseñanza muy positiva muy definida sobre el significado de una vida limpia y sobre cómo se la puede vivir.

1 Juan 2:14 — 17.

"Les he escrito a ustedes, padres, porque han conocido al que es desde el principio.

Les he escrito a ustedes, jóvenes, porque son fuertes, y la palabra de Dios permanece en ustedes, y han vencido al maligno. No amen al mundo ni nada de lo que hay en él. Si alguien ama al mundo, no tiene el amor del Padre. Porque nada de lo que hay en el mundo —los malos deseos del cuerpo, la codicia de los ojos y la arrogancia de la vida— proviene del Padre, sino del mundo. El mundo se acaba con sus malos deseos, pero el que hace la voluntad de Dios permanece para siempre."

Esta instrucción se dirige a los adultos y a jóvenes que son fuertes y puros, porque han guardado la palabra de Dios y esa palabra mora en ellos. Sin embargo, también deben ser amonestados. También deben prestar atención.

Delante hay un gran contraste entre el amor a dios

y el amor al mundo entre vencer la voluntad de Dios y seguir los deseos del mundo.

Gracias a que el amor de Dios fue primero en el corazón de José, y porque puso la voluntad de Dios ante todo en su vida, ganó la victoria sobre la impureza.

El apóstol Juan se refiere a 3 cosas como la suma total de las cosas que están en el mundo.

1. los deseos de la carne,
2. los deseos de los ojos,
3. la vanagloria de la vida.

Éstas son las 3 formas en las que el pecado humano encuentra expresión.

Son los 3 grandes pecados de todas las personas sobre la tierra y de todo corazón humano: la lujuria, la codicia y el orgullo.

Los deseos humanos se proyectan en 3 áreas principales

1. el deseo de gozar cosas,
2. el deseo de consentir cosas, de conseguir cosas
3. y el deseo de hacer esas cosas.

1. El deseo de gozar disfrutar cosas tiene que ver con los apetitos de nuestro cuerpo, con las cosas que se pueden gozar a través de nuestros sentidos.
2. El deseo de conseguir cosas tiene que ver con el mundo fuera de nosotros, con las cosas que podemos poseer.

3. El deseo de hacer cosas tiene que ver con todo lo que podamos lograr para afectar al mundo fuera de nosotros.

Quieren pasar un buen rato, gozar de los placeres de la vida. Quieren hacer dinero. Y tiene la ambición de hacer lo máximo en sus vidas. Todo esto es completamente correcto, totalmente natural y normal.

Pero cuando el deseo de gozar de las cosas se manifiesta en el uso de los apetitos corporales de forma contraria a la voluntad de Dios, entonces se convierte en lujuria de la carne.

Cuando el deseo de poseer cosas, de usar dinero, se gratifica en forma contraria a la ley de Dios, se convierte en el deseo de los ojos o codicia.

Cuando el mayor deseo del hombre, lo que se llama ambición, el deseo de lograr algo, de hacer lo máximo de sus habilidades y capacidades, lleva a una vida que no hace de Dios su centro, le damos el nombre de orgullo, vanagloria de la vida.

Es la persecución de cosas que glorifican a yo en lugar de cosas que glorifican a Dios.

A veces queremos ponerle 5 patas al gato que tiene solo 4.

Hay 5 Evangelios: San Mateo, San Marcos, San Lucas, San Juan y San Yo.

José encontró el camino a la victoria.

José encontró la vía o la ruta hacia la victoria.

No estaba en sí mismo.

Era necesario mirar más allá de sí mismo, mirar a

Dios.

El hecho es que el yo nunca puede conquistar al yo.

El camino que encontró José no solo es el mejor camino, sino que es el único camino.

Estás destinado al fracaso si tomas cualquier otro camino.

Génesis 39:9

"... ¿Cómo podría yo cometer tal maldad y pecar así contra Dios?"

Ese fue el camino de José al dejar de mirarse asimismo para mirar a Dios obtuvo la victoria.

Este camino te llevará a la victoria también a ti.

Pero no debemos olvidar que depender enteramente de Dios para que ganen nuestras batallas no significa que estemos relevados de la responsabilidad de resistir la tentación. El mandato de las escrituras de someternos a Dios esta seguido inmediatamente por el mandato de resistir al diablo

José no lo hizo sin esfuerzo.

Al resistir día tras día fue fortalecido, como siempre somos fortalecidos, cuando resistimos, por el poder directo de Dios.

Al igual que en el caso de José, eso es simplemente el seguro camino a la victoria para nosotros.

Santiago 4:6-7

"Pero él nos da mayor ayuda con su gracia. Por eso dice la Escritura:

«Dios se opone a los orgullosos, pero da gracia a los

humildes»

Así que sométanse a Dios. Resistan al diablo, y él huirá de ustedes."

Santiago empieza a dar órdenes, a cada miembro de iglesia, propenso al peligro de convertirse en "amigo" del mundo, hará bien en prestar atención.

- Antes de que Dios pueda impartir su "gracia" (v.6), el humilde debe estar dispuesto a someter su voluntad al plan divino.

El amor de Dios por sus hijos, siempre se renueva y magnifica en ellos la gracia para que puedan resistir las tentaciones del mundo.

Los que sinceramente piden gracia en oración, continuamente crecerán en su carácter cristiano.

La primera característica que tiene que tener un cristiano para tener unción es humildad.

Dios pide una lealtad indivisa, pero también proporciona al hombre suficiente poder para que pueda obedecer

Dios participa activamente en la lucha de sus hijos contra las fuerzas del pecado.

Pablo comprobó que la "gracia" de Dios siempre era suficiente para hacer frente a las pruebas de la vida.

Ten completa confianza en que todo lo que Dios ha dispuesto, es para el bien del humilde.

Debido al peligro del orgullo y del egoísmo, los cristianos debemos responder de rápidamente a las órdenes de Dios. Esa es la actitud correcta.

¿Cómo resistir la tentación?

1 Corintios 10:13

"Ustedes no han sufrido ninguna tentación que no sea común al género humano. Pero Dios es fiel, y no permitirá que ustedes sean tentados más allá de lo que puedan aguantar. Más bien, cuando llegue la tentación, él les dará también una salida a fin de que puedan resistir."

El promete que ninguna tentación será superior al poder que nos da para resistirla.

Resistir = Oponerte

De manera que...

"Ni le des lugar al Diablo."

(Ef. 4:27)

Lamentablemente hay gente jugando con el Diablo, adoran, pero también hasta siguen sus prácticas espiritistas.

"El que juega con fuego, se quema"

Enfréntalo como en Batalla.

Las tentaciones interiores u exteriores son una guerra.

Estamos en una guerra entre el bien y el mal todos los días.

Es real e intensa, pero Dios nos ha prometido la victoria si seguimos el plan ordenado por él en la Biblia.

Y tu Batalla la Ganarás en el nombre del Señor Todo Poderoso.

Jesús fue tentado

Mateo 4:1-11 Era un Escrito está contra otro Escrito está.

1ra (3-4) Tentación de Jesús fue con el deseo de la carne. A cualquiera le da abre. Satanás sugirió: "Dios no debe amarte, si te amara te cuidaría mejor, si eres el hijo de Dios no te privaría de comer y beber. Jesús vivió bajo la autoridad de la Palabra de Dios y su voluntad; lo mismo debemos hacerlo nosotros. Jesús siempre hizo lo que le agrada a su Padre.

2da (5-7) Satanás desafía a Jesús a probar su fidelidad a Dios: "si crees en la Palabra de Dios por qué no pruebas una de las promesas de Dios? Le cita equivocadamente Salmos 91:11-12 y Cristo le responde Deuteronomio 6:16. Satanás dejo fuera una frase "en todos tus caminos" Dios guarda sus promesas cuando guardamos sus caminos. Dios pronuncia y Satanás le añade y le quita. Tenga cuidado de reclamar promesas cuando usted no cumple las condiciones. Hacer algo sin la autoridad de la Biblia es Pecar. Es tentar a Dios, "desafiarlo" a que intervenga y nos rescate cuando estamos en problemas.

3ra (8-10) Satanás le ofrece a Cristo una manera fácil de llegar a ser Rey. Como príncipe de este mundo Dios le ha permitido a Satanás cierta cantidad de control sobre sus reinos. Pero Dios ya le había prometido los reinos a Cristo. Si se había sido ungido "tú eres mi hijo" pero tenía que morir en la cruz para ganar este reino. Satanás estaba tentándolo alejándolo de la cruz. Cristo lo derrota con Deuteronomio 6:13. Lo que queramos adorar es el dios al que servimos. Si una persona adora al dinero, vive para el dinero y le obedece. Si adoramos a Dios, vivimos para Él y le obedecemos. No podemos hacer las 2 cosas.

¿Cómo podemos resistir la tentación?

1. Recuerda que Dios nunca permitirá que seas tentado más allá de lo que puedes resistir. Las tentaciones son a tu medida para ayudarte a crecer, no para dejarte derrotado.

2. Debes saber que siempre hay una puerta de escape cerca. Dios nunca te dejará abandonado, a merced a merced de tus pasiones, de tu ira o de tu egoísmo. Siempre te dará una salida, si eliges seguirla.

3. Aléjate de la gente, las cosas, los lugares o las situaciones que te provoquen tentación.

4. Si estás luchando con alguna tentación en particular, busca algún amigo maduro o un grupo de amigos maduros y diles que necesitas de rendirles cuentas de tus actos.

Preparación del cristiano para resistir con éxito Pablo dice:

Efesios 6:13-17

"Por lo tanto, pónganse toda la armadura de Dios, para que cuando llegue el día malo puedan resistir hasta el fin con firmeza. Manténganse firmes, ceñidos con el cinturón de la verdad, protegidos por la coraza de justicia, y calzados con la disposición de proclamar el evangelio de la paz. Además de todo esto, tomen el escudo de la fe, con el cual pueden apagar todas las flechas encendidas del maligno. Tomen el casco de la salvación y la espada del Espíritu, que es la palabra de Dios"

- Estar Firmes, con la verdad.
- Vestidos con justicia.
- Predicar el Evangelio de la Paz
- Sobre todo, aférrate de Fe con que puedes apagar todos los dardos de fuego del maligno.
- Toma la salvación y la espada del Espíritu, que es la Palabra de Dios.
- Ora y suplica en todo momento en el Espíritu con toda perseverancia y suplica por todos los santos y por mí para que al abrir mi boca me sea dada la palabra de Dios para dar el mensaje del Evangelio.

Porque Cristo tiene el Poder completo para Vencer a Satanás.

La victoria de Cristo sobre el diablo en el desierto fue posible:

DTG 104

"por la sumisión a Dios y la fe en él"

Todo cristiano puede resistir la tentación como lo hizo Cristo.

(DTG 105):

"El más débil ser humano, que se refugia en el poder y en el nombre de Cristo,

hará que Satanás tiemble y huya"

El origen del pecado no está fuera del hombre sino dentro de él.

La culpa no es de Dios ni satanás, es de nosotros mismos.

Las tentaciones no tendrían fuerza alguna si no hubiese dentro del hombre un deseo de responder a esa atracción.

MJ 65:

"Ningún hombre puede ser obligado a pecar. Primeramente, debe ser ganado su propio consentimiento; el alma debe proponerse el acto pecaminoso antes de que la pasión pueda dominar a la razón o la iniquidad triunfar sobre la conciencia"

CBA

"La naturaleza de la tentación, así definida, elimina cualquier posibilidad de que sea Dios quien decreta las tentaciones de los hombres, o de que Satanás sea en realidad el responsable por las caídas morales del hombre."

El hombre y la mujer cae ante la tentación debido a un deseo de satisfacer un anhelo particular que es contrario a la voluntad de Dios.

No seas como los soberbios que prefieren los placeres del mundo, para satisfacer su egoísmo menosprecian las exhortaciones de Dios y también a los "humildes", que prefieren satisfacer sus deseos de acuerdo con la voluntad divina.

El Rey del cielo vino humilde aquí, enfrento a su enemigo el "príncipe de este mundo" y lo derrotó.

Estaba en contra del pecado.

Calvin Coolidge, que fue presidente de los Estados Unidos, era hombre de pocas palabras. Mientras era presidente, asistió a la iglesia sin la compañía de su esposa. Al volver de la iglesia, la señora Coolidge y esperaba que su esposo le contara que había predicado el pastor. Cuando se sentaron a la mesa ella trato de obtener un comentario acerca del servicio religioso. Pero como no conseguía nada, finalmente con exasperación, le pregunto:

-Calvin, ¿fue bueno el sermón?

-Sí.

- ¿Fue largo?

-No.

Luego de una pausa dijo:

-Bueno, ¿de qué trato?

-Del Pecado.

- ¿Y qué dijo de eso?

-Estaba en contra.

Si con la ayuda de Dios y las lecciones de la experiencia de José consigo que tú estés en contra del pecado este culto no será en vano.

Conozco a un joven que se detuvo en un negocio de los que atienden las 24 horas por si necesitaba comprar algunas provisiones. Después de llenar el canasto con distintas cosas, se dirigió a la caja donde tuvo que esperar en la fila justo frente a una estantería llena de revistas con llamativas fotos de mujeres casi desnudas. Su primera y natural reacción fue permitir que sus ojos se saciarán con las imágenes que tenía enfrente. Sin embargo, casi de inmediato le vinieron a la mente unas palabras:

“huye también de las pasiones juveniles.”

Sabía que se trataba de un pasaje de la Biblia: 2

Timoteo 2:22.

"Huye de las malas pasiones de la juventud, y esmérate en seguir la justicia, la fe, el amor y la paz, junto con los que invocan al Señor con un corazón limpio."

Y entendió que era el Espíritu Santo quien lo ayudaba a recordar lo que debía hacer.

Casi sin vacilar el joven hizo algo que podría parecer una locura:

dejó las provisiones dio media vuelta y salió del negocio, al que nunca más volvió.

Sabía que si seguía esperando allí podría llegar a ser algo de lo que más tarde se lamentaría.

Obedeció la palabra en forma literal y huyó de la tentación antes que ésta lo hiciera caer.

Todos tenemos tentaciones, es la consecuencia de vivir en un mundo caído y pecaminoso.

La buena noticia es que Jesús puede ayudarnos en cualquier área en que estemos luchando.

No juegues con la tentación; ¡Huye de ella!

A la larga estarás agradecido de haberlo hecho.

Hace un tiempo vi en una librería una linda exhibición de libros, con un cartel que decía: "Ligeramente manchados y grandemente reducidos en su valor."

Muchas veces vidas son así: ligeramente manchadas y grandemente reducidas en su valor. El pecado hace eso.

Te preguntas: ¿Cómo puedes mantenerte limpio, claro y sin mancha?

La Batalla es realmente terrible. Y más hoy día que en los días de José.

No solamente externo sino, interno y eso es lo más triste.

Nunca se detiene de atacar, siempre atacando usando los de adentro.

Trata de romper la resistencia y capturar el corazón.

Trata con sutileza, trata atacando de frente, de lado.

Estrategia secreta. Como gas venenoso, devastando, enviciando,

Paralizando para que no tomes la decisión hoy en este llamado, pero eres más que vencedor en Cristo Jesús.

Dios llama a seguir en la Ruta de Victoria.

Dios llama a Mirar más allá del sí mismo, mirar a Jehová.

José al dejar de mirarse, él miró a Jehová y encontró la victoria.

Este camino te llevara a la victoria a ti también.

¿Quién está diciendo hoy, "Yo Dependo de Dios"?

Hoy Camino derechito mirando a Jesús para que el sueño de Dios se cumpla a la perfección.

Levántate en el nombre de Cristo. Triunfa demuestra el señorío de Jesucristo.

Ponte Firme, Endereza los hombros, mirada erguida, sonrisa en labios, y sal a conquistar tus sueños.

Sigan hacia adelante y hacia el cielo.

No importa cuánto hayas caído; hay Bendiciones de Esperanza, misericordia, Salvación, Vida...Paz ofrecida por Dios hoy aquí. Amen.

TODO ES PARA BIEN

Introducción:

Las personas hoy en día ya no hablan de modas, ni de grupos o actividades, sino de estilos de vida. Una persona ya no dice yo voy al gimnasio y hago dieta, sino que dicen tengo un estilo de vida fitness; tengo un estilo de vida sedentario; tengo un estilo de vida extremo. Pues en ese caso yo apoyo a que las personas tengan un estilo de vida cristiana, es decir, guardar los mandamientos de Dios y tener la fe de Jesús. Es el mejor estilo de vida que podemos practicar y la que nos traerá la más grande recompensa.

Pero la vida cristiana no es un estilo de vida fácil y no lo digo yo, lo dice la Palabra del Señor.

(Mateo 7:13,14) "[13] Entrad por la puerta estrecha; porque ancha es la puerta, y espacioso el camino que lleva a la perdición, y muchos son los que entran por ella;

[14] porque estrecha es la puerta, y angosto el camino que lleva a la vida, y pocos son los que la hallan."

Ya ven, este estilo nada fácil, de hecho, entre más

difícil lo sientas significa que mejor lo estás haciendo.

Quizá alguno de nosotros cuando escuchaba las historias bíblicas, decía: "quiero ser como Daniel, quiero ser como Moisés, me gustaría tener la vida de Abraham." Probablemente en nuestra mente, sus vidas eran todas amor, todo armonía... Que les pasaba algo malo un rato, pero al final vivían llenos de alegría y felicidad. Cuando comenzamos a estudiar la biblia más profundamente y a dejamos de creer en lo que nos contaban algunas de las películas de "semana santa", que la mitad es verdad y la otra mitad no se quien se la inventó; comenzamos a ver realmente el mensaje que nos dejan los testimonios de vida de los patriarcas y profetas.

Sus vidas estuvieron llenas de tentaciones terribles, pruebas que hacían temblar su fe, e incluso en muchas ocasiones llegaron a fracasar rotundamente. Yo decía: "qué bonito sería tener los poderes de un profeta"; por qué en mi inocencia eran poderes al estilo de un super héroe: ser fuerte como Sansón, abrir el mar en dos como Moisés o incluso ver el futuro. Todo suena muy interesante, pero la vida de los profetas no fue nada linda, entre más bendiciones nos da Dios más dura será nuestra vida cristiana (Lucas 12: 48) "... porque a todo aquel a quien se haya dado mucho, mucho se le demandará; y al que mucho se le haya confiado, más se le pedirá." Y con más fuerza te atacará el enemigo con tal de hacerte caer. A Satanás no le interesa tentar al hermano que nunca trabaja, que se la pasa sentado y quejándose de todo, que no da ni un solo estudio bíblico, que llega tarde al culto, se va temprano y guarda el sábado viendo el "show" de televisión del viernes por la noche; ese hermano se tienta solo y no necesita ayuda para descarriase. Pero entre más firme te encuentres en los caminos del Señor más ataques recibirás. Si eres cabeza y no cola, más cascaras de guineo te van a lanzar al suelo para que te caigas.

Entre más estudiaba a los profetas, menos me gustaba la idea de vivir una vida igual a la de ellos. Muchos murieron apedreados, asesinados por el mismo pueblo al que querían ayudar, sacrificaron su vida entera por el mensaje que muchísimos rechazaron, perseguidos, encarcelados, torturados. Moisés vagó por años en el caluroso desierto sin poder entrar a la tierra prometida. David vio morir a casi todos sus hijos. Miremos el caso de Oseas... Es interesante como muere esta gente.

(Oseas 1: 2) "El principio de la palabra de Jehová por medio de Oseas. Dijo Jehová a Oseas: Ve, tómate una mujer fornicaria, e hijos de fornicación; porque la tierra fornica apartándose de Jehová."

Lo primero que le dijo Dios a Oseas fue que se casara con una mujer ramera, que la biblia nos cuenta que se escapaba y se regresaba a su tierra natal a seguir de prostituta y Dios mandaba a buscarla cada vez que se iba.

Y ni que hablar del apóstol Pablo...

(2 Corintios 11: 23- 27) "¿Son ministros de Cristo? (Como si estuviera loco hablo.) Yo más; en trabajos más abundante; en azotes sin número; en cárceles más; en peligros de muerte muchas veces.

24 De los judíos cinco veces he recibido cuarenta azotes menos uno.

25 Tres veces he sido azotado con varas; una vez apedreado; tres veces he padecido naufragio; una noche y un día he estado como náufrago en alta mar;

[26] en caminos muchas veces; en peligros de ríos, peligros de ladrones, peligros de los de mi nación, peligros de los gentiles, peligros en la ciudad, peligros en el desierto, peligros en el mar, peligros entre falsos hermanos;

[27] en trabajo y fatiga, en muchos desvelos, en hambre y sed, en muchos ayunos, en frío y en desnudez;

Y como si fuera poco tenía en cima la preocupación por todas las iglesias. *(Los Pastores entenderán.)*

A Pablo si le pasó de todo, sin mencionar que pasó los últimos años de su vida preso en Roma antes de que lo mataran.

La vida cristiana no es nada fácil, y ustedes creerán que yo he venido a asustarlos, y puede parecer que sí, pero no, lo que he venido es a contarles la verdad porque muchos piensan que querían una vida como la de los apóstoles o los profetas, pero si es para pasarla mal, mejor no quiero nada. Y es por ese pensamiento acomodado que la obra del Señor no se ha cumplido aún en el mundo. Todos queremos las bendiciones y las promesas, la gracia, pero no esforzarnos, no las dificultades, no las pruebas. Nos gusta que nos regalen nada más.

Cuerpo:

Lo entendí estudiando la vida de uno de los hombres más fieles a Dios que paso numerosas dificultades durante la mayor parte de su vida. No unos cuantos días, semanas meses; durante varios años, y entre más se aferraba a la fidelidad a Dios, más difícil se hacían sus pruebas. Hoy vamos a leer en la Biblia el testimonio de la fidelidad a Dios sin importar las dificultades, sin importar las circunstancias.

Así que busquemos en nuestras biblias el libro de Génesis y dispongamos de nuestro corazón para que el Señor sea quien nos hable a través del Espíritu Santo.

José era un joven que amaba a su padre Jacob, y su padre Jacob lo amaba. Era el penúltimo hijo de doce hermanos, pero aparte de ser el consentido de Jacob, José tenía sueños donde veía a sus hermanos arrodillándose ante él y en su inocencia contó ese sueño a sus hermanos. Y como era de esperarse a sus hermanos mayorees este sueño no les cayó nada bien (Genesis 37:8) "Le respondieron sus hermanos: ¿Reinarás tú sobre nosotros, o señorearás sobre nosotros? Y le aborrecieron aún más a causa de sus sueños y sus palabras." Pero en su mentalidad de niño ni se enteró de lo que ellos pensaban, así que tuvo otro sueño y volvió a contarles (Genesis 37: 9) "Soñó aun otro sueño, y lo contó a sus hermanos, diciendo: He aquí que he soñado otro sueño, y he aquí que el sol y la luna y once estrellas se inclinaban a mí." Claramente sus hermanos no tomaron nada bien este sueño, sino que por el contrario le tomaron más odio a José, sin entender que estos sueños no eran capricho de su hermano menor, sino que venían de parte de Dios.

Miren, yo comprendo que cuando se es niño en algunas familias se pelea con los hermanos; por un juguete, por el control del televisor, por cualquier tontería. Eso no está bien, mas es muy común que pase. Pero lo que los hermanos de José estaban planeando ya pasaba de una pelea de niños a un delito premeditado terrorífico. Pensar que la envidia que sentían los hermanos mayores de José fuera tan grande como para planear algo tan malvado contra su hermanito menor, contra su propia sangre, y debemos aclarar que mientras José todavía era un niño, un pequeño joven, los mayores de sus hermanos ya eran adultos; algunos de ellos casados e incluso con hijos, así que no era un pensamiento de niños; eran adultos deseándole el mal a su propio hermano.

En una ocasión Jacob envió a José a donde se encontraban sus hermanos mientras apacentaban ovejas. Se encontraban bastante lejos a muchos kilómetros de distancia y cuando vieron al muchacho acercarse pensaron en lo peor.

(Genesis 37: 19-20) "Cuando ellos lo vieron de lejos, antes que llegara cerca de ellos, conspiraron contra él para matarle.

[19] Y dijeron el uno al otro: He aquí viene el soñador.

[20] Ahora pues, venid, y matémosle y echémosle en una cisterna, y diremos: Alguna mala bestia lo devoró; y veremos qué será de sus sueños."

Esto es un delito en toda regla. Guardaron tanto resentimiento que tan pronto vieron la oportunidad planearon matarlo. Incluso ya tenían un plan para desaparecer el cuerpo y una excusa para cuando papá preguntara por él. Imaginar lo que tuvo que pasar José en ese momento es horrible. Que tus propios hermanos quieran matarte. Gracias a Dios y beneficio del chico, Dios no abandona a sus hijos y tocó el corazón de su hermano Rubén que los convenció de no matarlo.

(Genesis 37: 23,24) "Sucedió, pues, que cuando llegó José a sus hermanos, ellos quitaron a José su túnica, la túnica de colores que tenía sobre sí;

[24] y le tomaron y le echaron en la cisterna; pero la

cisterna estaba vacía, no había en ella agua."

(Genesis 27: 28) "Y cuando pasaban los madianitas mercaderes, sacaron ellos a José de la cisterna, y le trajeron arriba, y le vendieron a los ismaelitas por veinte piezas de plata. Y llevaron a José a Egipto.

Aquí realmente comienza la historia de José, el joven vendido por sus propios hermanos y llevado como esclavo a una tierra desconocida. No logro imaginar todo el sufrimiento de José en el camino por el desierto. Llorando al pensar que su propia sangre lo vendió como si fuera un animal; llorando por pensar que jamás volvería a ver a su padre, que seguramente su niñez terminaba de repente, ya no pensaría en juegos sino en esclavitud en un pueblo extraño.

La primera vez que leí esta historia me preguntaba por qué Dios permitía que alguien tan noble e inocente pasara por algo tan trágico. No era justo, comprendí mejor porque Dios permitió que ocurriera de esta forma al leer el libro de la Hermana Ellen White,

Historia de los patriarcas y profetas:

"Pero, en la providencia de Dios, aun esto había de ser una bendición para él. Aprendió en pocas horas, lo que de otra manera le hubiera requerido muchos años. Por fuerte y tierno que hubiera sido el cariño de su padre, le había hecho daño por su parcialidad y complacencia. Aquella preferencia poco juiciosa había enfurecido a sus hermanos, y los había inducido a llevar a cabo el cruel acto que lo alejaba ahora de su hogar. Sus efectos se manifestaban también en su propio carácter. En él se habían fomentado defectos que ahora debía corregir. Estaba comenzando a confiar en sí mismo y a ser exigente. Acostumbrado al tierno cuidado de su padre, no se sintió preparado para afrontar las dificultades que surgían ante él en la amarga y desamparada vida de extranjero y esclavo. PP54 214.2"

Dios no había permitido estas dificultades solo porque no le interesaba ayudar a José o porque le gusta ver sufrir a sus hijos. Las pruebas o tentaciones que el Señor permite en nuestras vidas no son para que suframos. Son para fortalecernos. Son para que aprendamos lecciones que de otra manera no podríamos aprender. Las pruebas que Dios permite en nuestra vida nunca tienen el propósito de destruirnos o de hacernos pagar con sufrimiento la salvación. Ese pago ya lo hizo el Señor Jesús en la cruz del calvario. Las pruebas son para moldear en nosotros el carácter que necesitamos para poder ir al reino de los cielos. Porque cuando superamos una prueba nuestra vida espiritual no continúa igual, sino que nos volvemos muchísimo más poderosos en el Señor.

No debemos tener miedo por las pruebas, porque Dios no desampara a sus hijos (Salmo 94: 14) "Porque no abandonará Jehová a su pueblo, ni desamparará su heredad," sin importar los difícil que sea nuestra situación debemos recordar que el Señor siempre estará a nuestro lado.

(Genesis 39:1 - 3) "Llevado, pues, José a Egipto, Potifar oficial de Faraón, capitán de la guardia, varón egipcio, lo compró de los ismaelitas que lo habían llevado allá.

[2] Mas Jehová estaba con José, y fue varón próspero; y estaba en la casa de su amo el egipcio.

[3] Y vio su amo que Jehová estaba con él, y que todo

lo que él hacía, Jehová lo hacía prosperar en su mano."

En Egipto José se mantiene fiel a Jehová y firme en el cumplimiento de sus mandamientos. No se dejó corromper por la idolatría de Egipto. No se inclinaba antes los dioses de piedra y madera. Sino que permaneció durante sus años de esclavitud como siervo del Dios viviente guardando las enseñanzas de su padre y atesorando todas las historias que le habían contado de niño.

Como José permaneció fiel, Dios nunca le abandonó. Incluso en medio de la esclavitud, José fue prosperado. Inclusive, la casa de su amo fue prosperada por medio de José.

Ojalá y nosotros tuviéramos la fe de José. Recuerdo que hace algunos años un hermano que tenía algunos meses de bautizado un sábado salió de la iglesia y no regresó. Cuando vimos que faltó el siguiente sábado y durante los cultos de toda la semana; fuimos a visitarlo. Quizá que estaba enfermo y no sabíamos. Pero al llegar a su casa nos contó lo que había sucedido. Nos dijo que ese sábado uno de los ancianos de la iglesia le miró con cara de desagrado cuando subió a la plataforma. Él se sintió muy ofendido y por eso no quería regresar a la iglesia. Sintió que lo maltrataron.

Hermanos míos, les diré lo mismo que le dije al él: "nosotros no estamos en los caminos del Señor por las personas, nuestra única mirada debe estar en el Señor". ¡Si buscamos una iglesia donde todos se comporten con total rectitud y nadie cometa pecado alguno entonces es que ya estamos en el cielo! Mientras nos encontremos en esta tierra siempre existirá cizaña dentro del trigo. Yo no la arranco, pero le pongo un muro para que no me dañe al trigo. Si hasta el grupo pequeño de Jesús de solo eran doce y uno era Judas.

Mis hermanos a José no lo miraron mal; ¡lo vendieron! Lo hicieron esclavo, lo maltrataron y aun así él se mantuvo fiel al Señor. Cuanta fe la de ese muchacho que, en lugar de aparatarse de los caminos, usaba esas pruebas para aferrarse más a Dios al punto de ser bendecido en medio de las dificultades.

(Genesis 39: 4-6) "Así halló José gracia en sus ojos, y le servía; y él le hizo mayordomo de su casa y entregó en su poder todo lo que tenía.

[5] Y aconteció que desde cuando le dio el encargo de su casa y de todo lo que tenía, Jehová bendijo la casa del egipcio a causa de José, y la bendición de Jehová estaba sobre todo lo que tenía, así en casa como en el campo.

[6] Y dejó todo lo que tenía en mano de José, y con él no se preocupaba de cosa alguna sino del pan que comía. Y era José de hermoso semblante y bella presencia."

José con los años, mostrando su disciplina, su dedicación y sobre todo su fidelidad a Dios fue subiendo dentro de la casa de Potifar al punto de que al egipcio no le importaba que fuera un extranjero, o que tuviera un Dios distinto. Solo le importaba que el joven era integro, que podía confiar absolutamente todo. Y que José no se iba a tomar para si ni una sola moneda por su honradez. La biblia nos dice que Potifar confió tanto en José que solamente se preocupaba de comer. Era lo único que el hacía en su casa. José se encargaba de dirigir a los demás empleados, de mantener la enorme casa en perfecto estado. José ya no era un niño como cuando llegó a Egipto. Ya habían pasado los años y ahora era mayor, pero cuando

José ya demostró superar esa prueba, otra más dura llegaría.

(Genesis 39: 7-9) "Aconteció después de esto, que la mujer de su amo puso sus ojos en José, y dijo: Duerme conmigo.

[8] Y él no quiso, y dijo a la mujer de su amo: He aquí que mi señor no se preocupa conmigo de lo que hay en casa, y ha puesto en mi mano todo lo que tiene.

[9] No hay otro mayor que yo en esta casa, y ninguna cosa me ha reservado sino a ti, por cuanto tú eres su mujer; ¿cómo, pues, haría yo este grande mal, y pecaría contra Dios?"

Esta prueba si fue dura. José era un joven, un joven atractivo físicamente. La mujer de su jefe que era muy hermosa. Le aparece de repente mientras está a solas en el cuarto y le dice "acuéstate conmigo". José le dijo que no. José pudo decir en su corazón: "ahora si me desquito todos los años de esclavitud" o pudo decir: "después de todo yo estoy aquí para seguir órdenes". Se pudo buscar cualquier excusa, las mismas excusas que inventamos para justificar el pecado, pero lo primero que le vino a la mente a José fue: "¿cómo haría este mal y pecaría contra Dios?". Eso se llama adulterio.

Yo quiero tener la templanza de José y sin importar la tentación. Mi mente siempre esté enfocada a no fallarle a Dios. Nosotros decimos: "tengo que ir el sábado porque si no voy mi jefe me despide". Y que dijo José: "si es un pecado ¡No!, no cuenten conmigo, me da igual lo que me hagan, yo me mantengo fiel al Señor."

Pero la mujer no estaba dispuesta a aceptar un no como respuesta y siguió insistiendo día tras día. Porque la tentación no es un rato y ya, es constante. Nos ataca una y otra vez para ver en qué momento nos encuentra con la guardia baja y caemos.

(Genesis 39: 11-12) "Aconteció que entró él un día en casa para hacer su oficio, y no había nadie de los de casa allí.

[12] Y ella lo asió por su ropa, diciendo: Duerme conmigo. Entonces él dejó su ropa en las manos de ella, y huyó y salió."

La mujer de Potifar insistió tanto, que al igual que sus hermanos, preparó todo para lastimar a José. Esta vez no de forma física, sino espiritual. Esperó que José se quedara solo en la casa para hacer sus labores diarias y cuando entró a su cuarto, se le lanzó sobre él y comenzó a quitarle la ropa. Muchos hombres no se habrían resistido a esa tentación y caerían en adulterio. Muchos seguramente ya habían caído en el engaño de ella, pero José no era cualquier hombre. José era un hijo de Dios. Y cuando un lugar es tentación para nosotros, lo más valiente que podemos hacer es salir corriendo. Porque si te quedas al lado de la tentación te estas exponiendo tu solo y tarde o temprano fallas.

La esposa de Potifar debió sentirse humillada, un esclavo no quería ceder ante es insinuaciones, y llena de ira al comprender que este joven no era como el resto y no iba a ceder, creó una mentira para vengarse de él.

(Genesis 39: 16-20) "Ella puso junto a sí la ropa de José, hasta que vino su señor a su casa.

[17] Entonces le habló ella las mismas palabras, diciendo: El siervo hebreo que nos trajiste, vino a mí para deshonrarme.

[18] Y cuando yo alcé mi voz y grité, él dejó su ropa junto a mí y huyó fuera.

[19] Y sucedió que cuando oyó el amo de José las palabras que su mujer le hablaba, diciendo: Así me ha tratado tu siervo, se encendió su furor.

[20] Y tomó su amo a José, y lo puso en la cárcel, donde estaban los presos del rey, y estuvo allí en la cárcel."

Así es, a la cárcel, cualquier otro se habría quejado con Dios: "me porto bien, te soy fiel y me recompensas mandándome a la cárcel". Seguramente algún otro recluso se burló de José cuando escuchó su historia, seguramente lo trataron de tonto por no hacerle a la mujer de Potifar lo que le pidió y ahora está en la cárcel. Pero José no se dejó amedrentar por comentarios, ni por su situación cada vez más difícil. Se mantuvo fiel y Dios le siguió prosperando y bendiciendo en medio de la adversidad.

(Genesis 39: 21-23) "Pero Jehová estaba con José y le extendió su misericordia, y le dio gracia en los ojos del jefe de la cárcel.

[22] Y el jefe de la cárcel entregó en mano de José el cuidado de todos los presos que había en aquella prisión; todo lo que se hacía allí, él lo hacía.

[23] No necesitaba atender el jefe de la cárcel cosa alguna de las que estaban al cuidado de José, porque Jehová estaba con José, y lo que él hacía, Jehová lo prosperaba."

Y su fidelidad de José nuevamente lo hizo prosperar, pero ahora en la cárcel, una tarea mucho más difícil, porque administrar a algunos esclavos que estaban obligados a servir es una cosa, pero administrar un grupo de reclusos condenados, algunos seguramente violentos, es mucho más complicado. Pero José estuvo a la altura, su devoción y su fidelidad a Dios le permitió incluso en la peor de las circunstancias ganarse el respeto y la confianza tanto de los guardias de la cárcel como de los reclusos.

Estando allí, José conoció al que fue el jefe de coperos del rey y al que fue el jefe de panaderos del rey, estaban presos por ofender al faraón de Egipto y en los días que estuvieron en prisión junto a José, les ocurrió algo extraño.

(Genesis 40: 5) "Y ambos, el copero y el panadero del rey de Egipto, que estaban arrestados en la prisión, tuvieron un sueño, cada uno su propio sueño en una misma noche, cada uno con su propio significado."

Y regresamos a los sueños, estos dos hombres entristecieron porque sabían que esos sueños significaban algo, pero no sabían cuál era, estaban a la espera de una sentencia que tal vez le causaría la muerte, pensaban que ese sueño seguramente era algo importante y no se equivocaban, cuando José los vio tristes les pidió que les contaran que les sucedía.

(Genesis 40: 8) "Ellos le dijeron: Hemos tenido un sueño, y no hay quien lo interprete. Entonces les dijo José: ¿No son de Dios las interpretaciones? Contádmelo ahora."

Las palabras de José son muy interesantes porque no dijo en ningún momento que él sabía interpretar sueños, jamás se dio crédito por los dones que Dios le concedió, si no que dijo que sería el Señor quien los interpretaría, y el solo sería su instrumento.

José contestó el significado del sueño del jefe de los coperos, le contó que saldría libre en tres días y el faraón lo restituiría a su puesto, así que José no perdió la oportunidad de pedirle un favor.

(Genesis 40: 14, 15) "Acuérdate, pues, de mí cuando tengas ese bien, y te ruego que uses conmigo de misericordia, y hagas mención de mí a Faraón, y me saques de esta casa.

[15] Porque fui hurtado de la tierra de los hebreos; y tampoco he hecho aquí por qué me pusiesen en la cárcel."

Por otra parte, el panadero no corrió con la misma suerte, José le reveló que en tres días sería juzgado y sería condenado. Y tal como el Señor lo profetizó por medió de José el panadero fue condenado al tercer día y el copero regresó al servició del faraón, pero no todas las personas que son agradecidas y los planes de Dios son muy distintos a los nuestros en muchas ocasiones.

(Genesis 40: 23) "el jefe de los coperos no se acordó de José, sino que le olvidó."

José pensó en que esa sería su oportunidad de encontrar una audiencia con el faraón, que tal vez sería libre, pero los planes de Dios son perfectos y nuestra limitada mente no logra ver su maravillosa forma de trabajar.

(Genesis 41:1) "Aconteció que pasados dos años tuvo Faraón un sueño. Le parecía que estaba junto al río;"

Dos años más, media vida pasó José en esclavitud, servidumbre y la cárcel, pero este era el momento para el cual Dios lo había llevado a Egipto. El faraón no solo tuvo un sueño, sino dos esa misma noche, dos sueños que le dejaron perplejo, en uno veía siete espigas grandes y llenas de fruto que luego eran destruidas y consumidas por siete espigas secas, en el otro sueño vio siete vacas grandes y gordas y luego aparecían siete vacas flacas, casi en los huesos que devoraban a las vacas gordas, pero aun así no dejaban de tener esa apariencia calaverita.

(Genesis 41: 8-12) "Sucedió que por la mañana estaba agitado su espíritu, y envió e hizo llamar a todos los magos de Egipto, y a todos sus sabios; y les contó Faraón sus sueños, mas no había quien los pudiese interpretar a Faraón.

[9] Entonces el jefe de los coperos habló a Faraón, diciendo: Me acuerdo hoy de mis faltas.

[10] Cuando Faraón se enojó contra sus siervos, nos echó a la prisión de la casa del capitán de la guardia a mí y al jefe de los panaderos.

[11] Y él y yo tuvimos un sueño en la misma noche, y cada sueño tenía su propio significado.

[12] Estaba allí con nosotros un joven hebreo, siervo del capitán de la guardia; y se lo contamos, y él nos interpretó nuestros sueños, y declaró a cada uno conforme a su sueño."

El plan que Dios había trazado para José lo llevaba a ese momento, los sueños, su viaje forzado a Egipto, su estancia en la cárcel, que el copero se olvidara de él, todas sus tragedias hacían parte del plan maravilloso de Dios, José se encontraba justo donde debía estar en el momento exacto.

(Genesis 41: 14-16) "Entonces Faraón envió y llamó a José. Y lo sacaron apresuradamente de la cárcel, y se afeitó, y mudó sus vestidos, y vino a Faraón.

[15] Y dijo Faraón a José: Yo he tenido un sueño, y no hay quien lo interprete; mas he oído decir de ti, que oyes sueños para interpretarlos.

[16] Respondió José a Faraón, diciendo: No está en mí; Dios será el que dé respuesta propicia a Faraón"

José se mantuvo fiel todos esos años, firme en los caminos de Dios, sin desviar su mirada y dando la gloria al Señor en todo momento. El faraón contó a José sus sueños y José le contó su significado.

(Genesis 41: 29-32) "Entonces Faraón envió y llamó a José. Y lo sacaron apresuradamente de la cárcel, y se afeitó, y mudó sus vestidos, y vino a Faraón.

[15] Y dijo Faraón a José: Yo he tenido un sueño, y no hay quien lo interprete; mas he oído decir de ti, que oyes sueños para interpretarlos.

[16] Respondió José a Faraón, diciendo: No está en mí; Dios será el que dé respuesta propicia a Faraón"

José además de mostrarle el significado de su sueño, aconsejó al faraón que aprovechara los años de abundancia, recogiera la quinta parte del grano en impuestos y lo almacenara para que el pueblo sobreviviera los siete años de sequía.

(Genesis 41: 37- 41) "El asunto pareció bien a Faraón y a sus siervos,

[38] y dijo Faraón a sus siervos: ¿Acaso hallaremos a otro hombre como éste, en quien esté el espíritu de Dios?

[39] Y dijo Faraón a José: Pues que Dios te ha hecho saber todo esto, no hay entendido ni sabio como tú.

[40] Tú estarás sobre mi casa, y por tu palabra se

gobernará todo mi pueblo; solamente en el trono seré yo mayor que tú.

[41] Dijo además Faraón a José: He aquí yo te he puesto sobre toda la tierra de Egipto."

Todas las dificultades y problemas por las que pasó José lo dirigieron perfectamente a este momento, no solo para engrandecerle a él, sino también para que, por medio de él, el nombre de Dios fuera engrandecido, allí se encontraba el faraón, la persona con más poder y dinero de la época diciendo que José poseía el Espíritu de Dios, reconociendo las maravillas de Dios.

Sus años en la casa de Potifar como administrador le ayudaron a adquirir conocimiento y practica sobre administración de recursos, sus años en la cárcel lo adiestraron para dirigir empleados y manejo de personal, incluso en las peores circunstancias. Dios no estaba permitiendo que José pasara por todo aquello solo para verle, Dios siempre tiene un plan con todos nosotros, aunque no logremos verlo, Dios en medio de las dificultades nos prepara para recibir las bendiciones.

La historia de los patriarcas y profetas nos dice:

"Su alma se conmovió y tomó la alta resolución de mostrarse fiel a Dios y de obrar en cualquier circunstancia cómo convenía a un súbdito del Rey de los cielos. Serviría al Señor con corazón íntegro; afrontaría con toda fortaleza las pruebas que le deparara su suerte, y cumpliría todo deber con fidelidad. La experiencia de ese día fue el punto decisivo en la vida de José. Su terrible calamidad le transformó de un niño mimado que era en un hombre reflexivo, valiente, y sereno."

De la misma forma nosotros debemos tomar

la resolución de mantenernos fieles, sin importar la dificultad.

Conclusión:

No he venido a mentirles, no he vendido a decirles que si se bautizan ahora mismo todos sus problemas desaparecerán, que tu vida será un paraíso terrenal de ahora en adelante y que ya no te va a pasar nada mal, ¡no!, yo he venido a decirles la verdad, este camino es duro, por eso Jesús la llamó la puerta angosta, es difícil, la lucha es constante, es diaria.

(Efesios 6:12) "Porque no tenemos lucha contra sangre y carne, sino contra principados, contra potestades, contra los gobernadores de las tinieblas de este siglo, contra huestes espirituales de maldad en las regiones celestes."

La vida cristiana es difícil, ¡sí!, pero yo no la cambiaría por nada, porque vale la pena, vivir de la mano de Cristo es la única vida que realmente tiene valor, estoy dispuesto a enfrentar las dificultades por la recompensa que me espera al final del camino. Si tú tienes dificultades por seguir fiel a Dios y sus mandamientos, alégrate, si tú eres juzgado por ser cristiano, alégrate, alégrate mucho.

(Mateo 5:12) "Gozaos y alegraos, porque vuestro galardón es grande en los cielos; porque así persiguieron a los profetas que fueron antes de vosotros."

Yo ahora si quiero tener la vida de los profetas, ya he comprendido que esta vida es pasajera, y lucho por la vida eterna, por ser un digno hijo de Dios, porque ser perseguido, ser juzgado o insultado por mi fe es un precio muy pequeño por una relación íntima con Dios, por escuchar su voz en mi corazón y saber que el Señor se complace de mi fe, de mi labor.

(1 Pedro 4:12,13) "[12] Amados, no os sorprendáis del fuego de prueba que os ha sobrevenido, como si alguna cosa extraña os aconteciese,

[13] sino gozaos por cuanto sois participantes de los padecimientos de Cristo, para que también en la revelación de su gloria os gocéis con gran alegría."

Y sé que la tentación llegará a cada momento, pero esperó tener a la firmeza en Cristo Jesús, y bastarme en su gloria para decir al igual que Pablo:

(2 Corintios 12: 10) "Por lo cual, por amor a Cristo me gozo en las debilidades, en afrentas, en necesidades, en persecuciones, en angustias; porque cuando soy débil, entonces soy fuerte."

Llamado:

El mensaje del Señor para nuestras vidas el día de hoy es: "bástate en mi gloria"

Y la invitación a decirle al Señor que nuestra vida está dedicada enteramente a él, consagrada a su nombre, que sabemos que somos bien aventurados al ser perseguidos por causa de su nombre, que nuestra esperanza está puesta en las mansiones celestiales y no en una recompensa terrenal.

La invitación de hoy es a decirle al Señor, ayúdame

a pasar por la perta angosta, a mantenerme firme en mi fe sin importar las dificultades, a estar firme en sus caminos incluso en la peor de las circunstancias.

Yo quiero tener la entrega y fe de Zadrac, Mesac y Abednego, que prefirieron el horno de fuego a arrodillarse a ante otro dios, yo quiero tener la Dedicación de Pedro y Pablo para alegrarme incluso en las dificultades al saber que mi recompensa está en cielo, yo quiero tener una vida entregada a Dios hasta el último día de mi vida como los apóstoles y profetas, cuyos nombres se encuentran registrados en el libro de la vida, esperando en Cristo el día de su regreso triunfante, sabiendo que volverán a la vida para contemplar a su Señor.

Esta vida es dura, la vida cristiana es difícil, es verdad, pero es la mejor forma de vivir.

Amén.

MI CASA, CASA DE ORACIÓN

Introducción:

Me alegra poder hablar con todas las personas que nos escuchan desde sus hogares. Gracias a la tecnología que tenemos hoy en día es posible para gran parte de la población comunicarnos con nuestros seres queridos, los más jóvenes tal vez no lo recuerden que hace solo unos años los celulares no existían. Les parecerá increíble pero los teléfonos tenían que estar pegados a un cable todo el tiempo y no se podían sacar de la casa y solo los padres de mis amigos más adinerados podían darse el lujo de tener un teléfono fijo en su casa. Sí, suena a cuento de hadas y que yo soy un dinosaurio, es posible, ya no soy un adolescente, pero solo en las historias de ciencia ficción podíamos ver a una persona hablando por otra con un aparatito en su mano y hoy no solo están las video llamadas, que nos ayudan a sobrellevar la cuarentena mundial, sino que podemos trabajar desde nuestra sala, los chicos pueden recibir sus clases sin ir a la escuela y mirarnos aquí, llevando la palabra del Señor a muchas personas deseosas de escuchar.

El señor actúa de formas que no podemos ni imaginar, y nuestra limitada mente humana no logra comprender toda la complejidad del plan de Dios.

(Isaías 55:9) Mis caminos y mis pensamientos son más altos que los de ustedes; ¡más altos que los cielos sobre la tierra! (NVI)

Aquí estamos en una cuarentena, en medio de una pandemia, encerrados en nuestras propias casas, algunos ya están estresados de pasar tiempo con sus propias familias porque hasta ese punto hemos llegado a deshumanizarnos, y muchos preguntan ¿y dónde está Dios? ¿Por qué el Señor no hace algo para detener esta situación? Pero la pregunta real es, ¿Cuál es el plan de Dios al permitir todo esto?

(Jeremías 29:11) "Porque yo sé muy bien los planes que tengo para ustedes —afirma el Señor—, planes de bienestar y no de calamidad, a fin de darles un futuro y una esperanza." (NVI)

No es que Dios no intervenga; es que todo esto hace una parte del plan de Dios, ¿Qué estás haciendo en todo este tiempo en casa? ¿Dormir toda la tarde, ver todas las películas que puedas? ¿nada? Dios nos está dando señales y nos está entregando tiempo, valioso tiempo que seguramente antes no teníamos por estar metidos en nuestros propios asuntos, así que no digas estoy aburrido porque no tengo nada que hacer ya, como cristianos debemos estar listos al llamado del Señor, estar preparados para realizar su obra y tener la completa disposición de hacer su voluntad y poder contestar a su llamado como Isaías.

(Isaías 6:8) "Entonces oí la voz del Señor que decía:

—¿A quién enviaré? ¿Quién irá por nosotros?

Y respondí:

—Aquí estoy. ¡Envíame a mí!" (NVI)

Pero tranquilos, lo que Señor planea no es que nosotros salgamos a predicar en medio de la crisis para que nos contagiemos. ¡No! ¿Entonces dónde debo evangelizar? ¿A quién le voy a predicar? Pues está bastante claro; a tu familia. Has de tu casa una casa de oración, una morada y un refugio donde toda tu familia pueda encontrar a Dios. Un lugar privilegiado donde el Espíritu Santo pueda llenar cada corazón con paz y la palabra de Dios sea el principal alimento.

Dios no ha permitido toda esta situación para que te alejes de la iglesia, sino para que lleves a Dios hasta tu hogar.

Cuerpo:

Hace unos años, recuerdo que una hermanita de la iglesia, bastante mayor ya, diaconisa de la iglesia, muy trabajadora, siempre que hablaba conmigo me mencionaba el mismo versículo, una y otra vez, siempre hablaba de lo mismo, se había bautizado luego de casarse y su esposo y sus hijos no les gustaba asistir a la iglesia, ella ni siquiera sabía dónde se encontraba este versículo, pero siempre lo recitaba como si fuera su texto preferido de la biblia. *"Cree en el Señor Jesucristo, y serás salvo, tú y tu casa"* decía. Tiempo después haciendo el año bíblico lo encontré y desde entonces también es de mis textos preferidos.

(Hechos 16: 31) "—Cree en el Señor Jesús; así tú y tu familia serán salvos —le contestaron. (NVI)

Al principio, cuando la hermana me hablaba del versículo no entendía bien el texto, no es que sea complicado, pero yo entendía la salvación como algo personal, algo que solo es entre tú y Dios, no me cabía en la cabeza de que la fe de una única persona en tu familia haga de que todos se salven, es decir y si a sus familiares no les gusta la iglesia y les gusta ir a tomar alcohol y andar en los bares, como la fe de esta hermana iba a bastar para que ellos se salvaran, ¿sería como hacer trampa, no?

Pero la verdad estaba ahí, en el mismo texto, dando contexto estas palabras las expresa Pablo. Cuando se encontraba en la cárcel junto a Silas, fueron torturados y en la noche comenzaron a cantar alabanzas a Dios. Oraban con todo su fervor, y se produjo un fuerte terremoto que abrió las celdas. Cuando el carcelero lo vio, pensó que todos los presos habían escapado. Temiendo por el castigo que le darían al enterarse sus superiores, sacó su espada para quitarse la vida él mismo en medio de su desesperación. Pero Pablo viendo lo que intentaba hacer lo detuvo, este guardia vio en Pablo el amor de Dios y realizó la pregunta más importante de la humanidad.

(Hechos 16: 30,31) "30 Luego los sacó y les preguntó:

—Señores, ¿qué tengo que hacer para ser salvo? 31 —Cree en el Señor Jesús; así tú y tu familia serán salvos —le contestaron." (NVI)

Ahora todo tenía más sentido en mi mente, pero seguía teniendo dudas sobre lo que significaba que toda tu casa sería salva si solo tú crees, pero la respuesta llegó más rápido de lo que esperaba.

(Hechos 16: 32,33) “Luego les expusieron la palabra de Dios a él y a todos los demás que estaban en su casa. [33] A esas horas de la noche, el carcelero se los llevó y les lavó las heridas; en seguida fueron bautizados él y toda su familia.” (NVI)

Ahí está el secreto, eso era lo que yo no lograba comprender. La fe de aquella hermana no era que: “solo porque ella creyera su familia sería salva”; era que, si su fe y su trabajo de evangelismo era lo suficientemente firme, Dios podría llegar a sus corazones por medio de ella. ¡Nosotros podemos ser el medio por el cual Dios toque el alma de todos nuestros seres queridos!

Tal vez tú que me estas escuchando, al igual que aquella hermanita de la iglesia tienes familiares que no se encuentran firmes en los caminos del Señor, tu esposo u esposa, tus hijos, tu sobrino o hermanos, tu padre o tu madre, o tal vez un amigo al que aprecias. Si quieres compartir la eternidad junto a tu familia, entonces debes trabajar por que eso sea una realidad y el Señor recompensará tu esfuerzo.

¿Cuántas horas dedicas a predicarle a tus familiares que todavía no conocen de Dios? ¿Cuántas veces has intentado darles estudios bíblicos? ¿o estas esperando a que llegue otra persona a entregarles el mensaje?

Lo que está ocurriendo no es porque Dios quiera reducir tus planes por estar en medio de una cuarentena, el plan de Dios para ti es mucho más grande, la recompensa es más gratificante; la salvación de toda tu familia.

¿Quieres reclamar la promesa de Dios, de que “si

crees, serás salvo tú y tu casa"? Entonces debes estar listo para para proclamar las mismas palabras que Josué.

(Josué 24: 15) "Pero, si a ustedes les parece mal servir al Señor, elijan ustedes mismos a quiénes van a servir: a los dioses que sirvieron sus antepasados al otro lado del río Éufrates, o a los dioses de los amorreos, en cuya tierra ustedes ahora habitan. Por mi parte, mi familia y yo serviremos al Señor»." (NVI)

Si quieres protección para tu familia, la tendrás, si quieres que la salvación llegue a todos los rincones de tu hogar, así será, pero recuerda que no solo basta con creer, no solo basta con tener fe, debes poner de toda tu disposición en producir la obra, el testimonio necesario, hay que conducirse bien, dar el ejemplo para que tu hogar sea la fortaleza que deseas, debes dedicar horas de rodillas, otras horas en el estudio de la biblia y muchas horas más predicándole la palabra a tu familia, creer solo no basta porque (Santiago 2: 17) "Así también la fe por sí sola, si no tiene obras, está muerta." (NVI)

Muchos quieren salir a evangelizar; tienen sueños de llenar estadios con sus predicaciones; en ser instrumentos del Espíritu Santo para ayudar en la obra misionera, que cientos de personas terminen en las aguas bautismales cada vez que suben a la plataforma y todo eso está bien. Pero de que te sirve salvar al mundo y perder a los de tu casa, cuando quieras salir a dar estudios bíblicos, cuando quieras predicar entonces recuerda, las palabras de Jesús en el libro de Marcos.

Cuando Jesús llegó a la zona de los gerasenos, se encontró con un joven endemoniado que residía en las tumbas, tenía su casa en el cementerio. En muchas ocasiones lo habían amarrado con hierros y cadenas muy fuertes porque era peligroso y nadie lo podía controlar. Estaba en tan mal estado que se lastimaba a si mismo con piedra filosas.

Al ver a Jesús este joven endemoniado se dirigió hacia él postrándose, gritando y pidiéndole que no lo atormentara (Marcos 5: 8) "Es que Jesús le había dicho: «¡Sal de este hombre, espíritu maligno!" (NVI). Este demonio se presentó como "legión", y le rogaron a Jesús que les permitiera entrar en una manada de cerdos grande por ahí cerca. Como 2,000 puercos, lechones, marranos, o cochinos..., como ustedes los conozcan en su territorio. Jesús expulsó a los demonios y de inmediato entraron en los cerdos y se tiraron por el barranco, se ahogaban, sin dejar ninguno con vida. Los pastores de los cerdos obviamente se asustaron. Todos sus animales fueron poseídos y asesinados, así que traumados y horrorizados fueron a buscar a todas las personas del pueblo, que al llegar inmediatamente **(Marcos 5: 17)** "[17] Entonces la gente comenzó a suplicarle a Jesús que se fuera de la región." (NVI) Estas personas en vez de alegrarse por el milagro de salvar de los demonios a aquel joven, solo se preocuparon por los daños materiales y en lugar de agradecer a Jesús, lo acusaron y lo botaron de sus tierras. Todo suena como una historia de personas desagradecidas. Jesús y sus discípulos ahora debían salir sin poder predicar en aquel territorio. Parecería que todo su viaje fue en vano, pero no fue así. (Marcos 5: 18) "[18] Mientras subía Jesús a la barca, el que había estado endemoniado le rogaba que le permitiera acompañarlo." (RVR 1960)

La obra de Jesús no fue en vano, logró salvar una vida, un nuevo discípulo dispuesto a seguirle a cualquier lugar para dar las buenas noticias de salvación al mundo entero. Seguramente sería de gran ayuda para su labor, pero el Señor tenía otros planes para él.

(Marcos 5:19) "Jesús no se lo permitió, sino que le dijo: —Vete a tu casa, a los de tu familia, y diles todo lo que el Señor ha hecho por ti y cómo te ha tenido compasión." (NVI)

Al primer lugar al que debes ir a predicar, el primer lugar al que debes llevar la palabra de Dios, tu principal grupo de estudio de la biblia, debe ser tu familia, si tú ya has recibido a Dios en tu corazón y él ha sanado tus heridas; si tú ya conoces la salvación de Dios y su amor incondicional; entonces es tu misión llevar ese mensaje a tu hogar.

Si este joven se hubiera ido con Jesús, no habría quedado nadie en el área de los gerasenos que pudiera plantar la semilla del evangelio. "Ve a tu casa, a los de tu familia, y cuéntales todo lo que el Señor ha hecho por ti". Cuéntales cómo ha cambiado tu vida. Cuéntales de tu felicidad en los caminos de la salvación. Tal vez tu eres la única persona por medio de la cual Dios pueda llegar a sus corazones. Dios te ha salvado para salvar a toda tu familia por medio de ti. Tu eres el instrumento para que el Señor pueda llegar a tus seres queridos.

No me cansaré de decírtelo; no puedes esperar que Dios bendiga un hogar donde no se le ha invitado a entrar.

He notado en mis años en la iglesia que, a muchos, muchísimos hermanos se les dificulta darle estudios a su familia, especialmente cuando ellos no nacieron en la iglesia, espacialmente a los más jóvenes, muchos hermanos prefieren darles 100 estudios bíblicos a desconocidos que 1 a un familiar muy cercano. Los cristianos preferimos tocar puertas de desconocidos que dar un estudio bíblico a sus padres, su esposo u esposa, a hermanos o amigos. Esto pasa por alguna de las siguientes razones: por vergüenza, por pena, o por no tener el testimonio adecuado.

La primera razón es vergüenza. "¿Qué dirán de mi cuando les comience a hablar de Dios?" "Mis amigos que no son de la iglesia me van a llamar 'evangélico loco' si les propongo darle estudios, no, no, no, que bochorno que me comparen con los loquitos esos que van de puerta en puerta, se van a reír de mí; mejor con ellos me comporto como si no pasara nada".

Triste, muy triste pero muchos hermanos en la iglesia guardan estos pensamientos en su corazón, y esto solo sucede porque nuestra fe es débil, nuestra convicción en los caminos del Señor es floja y nuestra relación con el Espíritu Santo no se ha afirmado lo suficiente para llevar realmente su mensaje. No importa cuantos estudios bíblicos des alrededor del mundo, si te da vergüenza hablarle a tu familia y a los más cercanos a ti. Entonces te avergüenzas del evangelio y sabemos que sucede cuando nos avergonzamos del Señor.

(Marcos 8: 38) "38 Si alguien se avergüenza de mí y de mis palabras en medio de esta generación adúltera y pecadora, también el Hijo del hombre se avergonzará de él cuando venga en la gloria de su Padre con los santos ángeles." (NVI)

No debemos, bajo ninguna circunstancia avergonzarnos de Dios y del evangelio, si sentimos rechazo en nuestro corazón de que nos miren mal por llevar el evangelio entonces nuestra fe no es digna del reino de los cielos, no tengamos vergüenza hermanos del que dirán, no tengamos vergüenza de las burlas y los comentarios, los apóstoles y profetas, los hombres de Dios cuyos testimonios se encuentran en la biblia y sus nombres escrito en el libro de la vida no sintieron vergüenza ni temor en entregar hasta sus propias vidas por el mensaje de salvación.

Otro gran motivo porque muchos hermanos prefieren predicar fuera de su casa que en su propio hogar es porque las personas dentro de su casa lo conocen mejor que los desconocidos. "Obvio" me dirán, pero eso debería hacerles las cosas mucho más fáciles, no más difíciles. ¿verdad?

Pues el problema de que tus familiares pasen tanto tiempo contigo en tu hogar a la hora de predicarles es porque ellos si conocen tus fallas, ellos si saben cuáles son esos pecados que cometes en tu casa y que ningún hermano de la iglesia conoce.

Recuerdo que en una campaña evangelística nos propusimos a que cada hermano invitara a sus dos vecinos, les llevara estudio y luego de un proceso muy bien organizado de contacto y acercamiento, los invitaran a la iglesia la semana de la campaña. Todo se realizó con mucho detalle y cuidado, todos los hermanos se encontraban emocionados por esta campaña y parecía un éxito, los hermanos reportaban que la estrategia de acercamiento había funcionado de maravilla y que ya casi todos estaban recibiendo estudios bíblicos. Algunos solo querían la visita y la oración y otros estaban un poco apáticos al mensaje, pero la semilla estaba siendo plantada. Luego llegó la hora de la visita de los pastores y los ancianos antes de la campaña, visitamos a cada hermano hasta su casa y junto a ellos a cada vecino, todo iba muy bien hasta que llegamos a la casa de una hermana que no quería que visitáramos a sus vecinos, al principio colocaba excusas: que no iba a estar ese día en su casa, que sus vecinos no querían recibir la visita etc. Como no queríamos forzar a la visita solo visitamos a la hermana y desde su casa oramos para que Dios ablandara el corazón de sus vecinos, al salir yo estaba un poco triste y seguramente se me notaba en la cara porque un anciano propuso: pastor, como los vecinos no nos conocen, acerquémonos y toquemos la puerta; así, si nos rechaza pues la obra se intentó igual y cumplimos nuestra parte con Dios.

A mí me encantó la idea y ya que teníamos folletos y todo listo, tocamos la puerta de la vecina. Nos abrió una señora y para nuestra sorpresa nos recibió con mucha amabilidad, nos hizo pasar y oramos. Cantamos un par de himnos y le dejamos una cita bíblica con su mensaje. Yo estaba muy feliz, satisfecho de lo rápido que Dios contestó nuestra oración e incluso, como vimos que la señora estaba muy dispuesta a escuchar la palabra de Dios, la invitamos a la campaña. Hermanos, la señora nos dijo de inmediato que sí, que ella el sábado estaba en la iglesia a primera hora y que le iba a decir a su esposo y a sus hijos para que la acompañaran también. Nos dio las gracias y nos dijo: "ustedes tal vez no me crean, pero yo le estaba pidiendo al Señor en oración que enviara a alguien enseñarme la biblia". Yo rápido me llené de una gran felicidad y unos segundos después mi cerebro comenzó a trabajar y me surgieron unas preguntas, pero hay que ser prudentes así que nos despedimos y nos fuimos, esto era una enorme victoria dirigida por el Señor así que nos fuimos sin decir más nada.

El sábado apareció la vecina con su esposo y sus dos hijos, pero la hermanita no apareció ese sábado, yo estaba feliz del éxito de la campaña. La iglesia rebosaba de visitas, todo estaba hermoso. Se sentía la presencia de Dios en el pasillo y al finalizar me encontraba en la puerta despidiéndome de todos cuando la vecina se me acerca y me dice: "gracias por invitarnos". Y acordándome le dije: "Dios siempre tiene un plan para todos nosotros, lo que me asombra es que no conociera otros cristianos cerca que la invitaran a alguna iglesia" Y la señora me contesta: "cristianos si hay, yo tengo una vecina que va a una iglesia, pero esa señora es muy mal ejemplo, se la pasa gritando e insultando a los demás, barre la puerta de su casa y tira toda la basura hacia la mía y así un montón de cosas..."

Hermanos, nuestra mejor arma para evangelizar en nuestro testimonio, (2 Corintios 3: 2) "Ustedes mismos son nuestra carta, escrita en nuestro corazón, conocida y leída por todos" (NVI) Nuestras vidas y nuestros actos diarios son nuestra principal y más grande herramienta de evangelización, pero si nuestro testimonio es inapropiado, así mismo este se convierte en nuestro mayor obstáculo para llevar la palabra de Dios a nuestro hogar. Si usted no guarda el sábado apropiadamente; ¿Cómo le habla del sábado a su familia? Aunque usted no crea, su familia que no es cristiana sabe que día son los cultos y si usted se queda viendo televisión en lugar de ir a la iglesia, ellos se dan cuenta. En la iglesia usted puede decir mentiras y decir que estaba enfermo... Pero en su casa si saben la verdad ese mal testimonio hace de que en lugar de atraerlos a Cristo los aleje: "mira, y eso que es cristiano" es lo que van a decir cada vez que te vean haciendo algo inapropiado. Cada vez que eres maleducado, que ofendes a los demás... Tu familia se entera y a ellos no les puedes mentir, por que pasan más tiempo contigo que cualquier hermano de la iglesia. Y ese es el problema que tenemos muchas veces, que somos cartas leídas al mundo. Lo que está escrito en nuestro corazón se conoce por los que están más tiempo con nosotros. Al mismo vecino que ofendes de lunes a viernes, es el que te ve el sábado salir de tu casa bien vestido y con La Biblia debajo del brazo.

Pero si nuestro testimonio es integro, las personas se acercarán a ti en muchos momentos a preguntarte a que iglesia vas. Yo estoy seguro que a muchos de los que nos escuchan alguna vez les han preguntado "y ustedes los adventistas en que creen" eso mis hermanos es una persona buscando que usted le predique de la fe adventista, cuando le digan en la calle: "usted es cristiano" es una persona necesitada de Cristo pidiendo que le entregue las buenas nuevas de salvación. Cuando te pregunten en el colegio, el trabajo o la universidad: "y tú porque no vienes los sábados" es una oportunidad de oro para hablar de creencias. La misma persona está pidiendo que le hables, porque cuando somos fieles a los caminos del Señor, las demás personas se dan cuenta y cuando tu fe es grande, las personas te preguntan es porque en su corazón surgió la necesidad de conocer aquello que nos ha dado gozo a nosotros.

Así que la solución para ambos problemas es el mismo (Salmo 119: 31) "Yo, Señor, me apego a tus estatutos; no me hagas pasar vergüenza." (NVI) Si mantenemos un testimonio intachable, no tenemos por qué avergonzarnos. De hecho, el Señor no permitirá que seamos avergonzados, ese es el mensaje en el que aquella hermana confiaba cada vez que recitaba "...Cree en el Señor Jesucristo, y serás salvo, tú y la casa tuya."

Les cuento que hace algún tiempo esta hermana murió. Siempre fue una gran diaconisa y muy servicial en la iglesia, recuerdo que su funeral se realizó en la iglesia, aunque su familia no era adventista, decidieron que sus hermanas de iglesia, las otras diaconisas que fueron sus más cercanas amigas toda su vida se encargaran de organizar todo. Todos sus familiares asistieron ese día a la iglesia, todos escucharon entre lágrimas el mensaje.

Poco a poco, los hermanos fueron visitando a esta familia, dándoles estudios bíblicos, luego invitándolos a la iglesia. Descubrimos que la hermana les había enseñado muchas cosas de nuestras creencias o lo habían aprendido al verla durante tantos años. Hoy en día sus dos hijos mayores se encuentran en la iglesia como miembros bautizados. Yo tengo fe en que cuando Jesús vuelva en gloria y los muertos en Cristo se levanten, esta hermana se alegrará al ver entre los salvos a sus familiares. La hermana no pudo ver en vida a su familia bautizada, pero descansó con su inquebrantable fe de que, si era fiel al Señor y hacía su labor con su familia, ellos también serían salvos y Dios lo que promete lo cumple.

Pero también alguno de ustedes podría decir que en su casa es más difícil predicar y evangelizar que en otro lado. No está del todo equivocado; recordemos lo que le ocurrió a Jesús en Nazaret, el lugar donde fue criado.

(Marcos 6: 1- 3) "Salió Jesús de allí y fue a su tierra, en compañía de sus discípulos. [2] Cuando llegó el sábado, comenzó a enseñar en la sinagoga.

—¿De dónde sacó éste tales cosas? —decían maravillados muchos de los que le oían—. ¿Qué sabiduría es esta que se le ha dado? ¿Cómo se explican estos milagros que vienen de sus manos? [3] ¿No es acaso el carpintero, el hijo de María y hermano de Jacobo, de José, de Judas y de Simón? ¿No están sus hermanas aquí con nosotros? Y se escandalizaban a causa de él. Por tanto, Jesús les dijo:" (RVR 1960)

Jesús mantuvo toda su vida un testimonio respetable, eso no lo duda nadie. Nunca criticaría a Jesús de su actitud o de sus acciones. Sin importar cuan perfecta fue la vida de Jesús y cuan cerca estaba en su comunión con Dios; las personas que le vieron crecer; sus vecinos, se escandalizaban al verlo realizar milagros. No se alegraron, no se sintieron felices, nada de eso, se escandalizaron, se ofendieron, se molestaron. Porque tristemente tenemos en nuestra cabeza que, si vemos crecer a alguien, entonces no puede ser mejor que nosotros. "¿Cómo es que el hijo del Carpintero que andaba por aquí descalzo y jugando en la calle con mi hijo o mi nieto, como va a ser que ese muchachito va a ser el enviado de Dios? ¡imposible! Y si la gente fue capaz de rechazar a Jesús que fue perfecto, que se espera de nosotros que sí cometemos errores.

Es que realmente a Jesús le toco difícil porque (Juan 7: 5) "[5] Lo cierto es que ni siquiera sus hermanos creían en él." (RVR 1960), es por eso que Jesús expresó estás palabras lleno de tristeza.

(Marcos 6: 4) "—En todas partes se honra a un profeta, menos en su tierra, entre sus familiares y en su propia casa." (NVI)

Si usted lo está intentando, de verdad ha intentado llevarle el mensaje a su familia y se niegan a recibirla, la solución es bastante sencilla hermanos: siga orando, continúe pidiéndole al Señor que ablande esos corazones y tarde o temprano el Señor le dará las herramientas para que puedan escuchar el llamado, los hermanos de Jesús no creían en él al inicio de su ministerio, pero todos terminaron convencidos de que era el Hijo de Dios y el único por medio del cual podemos alcanzar la salvación.

El secreto, está en la oración, (1Tesalonisenses 5: 17) "17 oren sin cesar," (NVI). Orar en todo momento y en todo lugar, mantener nuestra mente y corazón sujetos a la mano del Señor en constante oración, porque yo creo en la oración intercesora. Yo creo en que la oración tiene poder para derribar cualquier muro y sobrepasar cualquier dificultad.

Nuestra oración ferviente debe ser para salvación de nuestra familia (Romanos 10: 1) "Hermanos, el deseo de mi corazón, y mi oración a Dios por los israelitas, es que lleguen a ser salvos." (NVI) Aun cuando no escuchen nuestras palabras, Nuestra labor es procurar hacer todo lo posible para la salvación de nuestra familia, por eso Dios nos ha llamado. Es nuestra responsabilidad. Debe ser esta nuestra obra evangelística más cuidadosa.

Seguramente algunos dirán que todos en su casa son adventistas, miembros de iglesia y que afortunadamente han nacido en la iglesia, pero no por eso debemos bajar la guardia, no por eso nuestra oración por ellos debe ser menos intensa, no por eso debemos olvidar nuestra constante tarea de avivar siempre la llama del amor a Dios, ayudarnos mutuamente a edificar nuestras vidas cristianas. Los padres sean como los míos; activos con llevar a sus hijos a los caminos del Señor. Seamos hijos o hermanos interesados en mantener la familia unida dentro de la verdad y la obediencia a Cristo.

En ocasiones olvidamos la importancia de la parábola de Jesús sobre la moneda perdida y su valioso mensaje.

(Lucas 15: 8, 9) "O supongamos que una mujer tiene diez monedas de plata] y pierde una. ¿No enciende una lámpara, barre la casa y busca con cuidado hasta encontrarla? [9] Y, cuando la encuentra, reúne a sus amigas y vecinas, y les dice: "Alégrense conmigo; ya encontré la moneda que se me había perdido". (NVI)

¿Dónde se extravió la moneda? ¿En la calle? ¡No! La moneda se extravió dentro de la casa, debemos estar atentos y vigilantes porque un alma se puede extraviar incluso dentro de la casa.

La familia será siempre el punto que más ataca el enemigo. Cuando un cristiano se encuentra firme en la fe, el enemigo teme y tratará de debilitarle por cualquier medio. Satanás es tramposo y no respetará nada. El busca siempre atacar donde nos hace más daño, por medio de la familia. La única forma de mantener los hogares a salvo, es invitar a Dios a morar en él permanentemente, es mantener los hogares protegidos por el Señor. En todo momento, el Señor nos dijo:

(Isaías 56: 7) "los llevaré a mi monte santo; ¡los llenaré de alegría en mi casa de oración! Aceptaré los holocaustos y sacrificios que ofrezcan sobre mi altar, porque mi casa será llamada casa de oración para todos los pueblos». (NVI)

Para que el Señor more en nosotros, para que

nuestro hogar también sea su hogar, debemos hacer de nuestras casas una casa de oración, donde el Señor se sienta a gusto de morar en su templo.

Conclusión:

Muchos seguramente se están quejando en estos momentos sobre como cambió su vida de golpe por la Pandemia, como la cuarentena ha arruinado todos sus planes, algunos seguramente tenían planes de viajar a algún lugar, de ir a algún evento para el que estaban esperando meses. Los jóvenes seguramente están tristes porque no pudieron ir al campamento para el que tanto se prepararon, o al torneo de pelota, baloncesto, tenis, balón pie... para el que entrenaron muchísimo, pero hay una verdad: (Proverbios 19:21) "El corazón humano genera muchos proyectos, pero al final prevalecen los designios del Señor". No debes enojarte por que tus planes se han frustrado por la situación. Lo que Dios planea para nosotros no solo son victorias terrenales, nuestro verdadero premio será eterno.

En estos momentos pensemos en cuál es el plan de Dios. Estamos en nuestros hogares, junto a familia así que piensa que Dios nos da la oportunidad de poder fortalecer las relaciones familiares. Este no es el momento de pelear. No es momento de llenarnos de enojo, ni de dejarnos de hablar. Todo lo contrario, este el momento de reparar esos lazos rotos, de pedirnos perdón y de perdonar, de colocarnos de rodillas y clamar a Dios por su bendición, no solo para nosotros, sino para todo nuestro hogar.

Si tienes un espíritu evangelista y te sientes triste

porque no puedes salir a predicar, alégrate y llénate del gozo del Señor porque puedes predicar a tus familiares, puedes sentarte, aunque sea unos minutos al día con ellos para darles alimento espiritual, para enseñarles de la palabra de Dios o simplemente recordarle enseñanzas que ya conoce. El alimento espiritual debe ser diario, así como tú no comerías en la mesa mientras tu familia ve cómo te sacias mientras tienen el estómago vacío, de la misma forma no recibas tu alimento espiritual sin compartirlo con tus seres queridos.

Si no te sientes listo para dar estudios bíblicos entonces comienza a sembrar la semilla con pequeños mensajes, citas bíblicas e himnos de alabanza, muestrales un video sermón, diles que quieres verte con ellos en el cielo y que sepan que estas preocupado por su salvación, que los amas tanto que deseas pasar la eternidad con Jesús y con ellos.

Nuestra misión como cristianos es clara:

(Mateo 28: 19, 20) 19 Por tanto, vayan y hagan discípulos de todas las naciones, bautizándolos en el nombre del Padre y del Hijo y del Espíritu Santo, 20 enseñándoles a obedecer todo lo que les he mandado a ustedes. Y les aseguro que estaré con ustedes siempre, hasta el fin del mundo." (NVI)

Debemos ir a predicare al mundo entero, pero iniciar por casa, porque la familia es primero.

Mantén tu testimonio intachable para que tus acciones no ensucien el mensaje de Cristo. Mantente íntegro, fiel a los caminos del Señor para que tu ejemplo predique también. No te desanimes en tu fe, no te pongas flojo sin Cristo, mantente en constante oración. Habla con

Dios a cada momento de tu día. Consagrar ese espacio para tu comunión con Dios, así como sacamos tiempo para otras actividades que nos edifican menos.

En lugar de dedicar tu tiempo a dar diez estudios bíblicos a la semana, da, aunque sea uno, pero dedica todas tus fuerzas a la familia y verás recompensas del Señor. Y no olvides hacer de tu casa una casa de oración.

Llamado:

La invitación de hoy es sencilla, la invitación de hoy es decirle al Señor: ayúdame a cumplir mi misión, a ser ayuda idónea, un padre ejemplar, un hijo que honre a padre y madre, a ser guarda de mi hermano, a mantener a mi familia en los pies de Cristo.

La invitación de Dios el día de hoy es a comprometernos a ser el vehículo por el cual el mensaje de salvación llegue a nuestros seres queridos.

Si tú quieres compartir las maravillas que Dios tiene preparadas para nosotros en las mansiones celestiales, entonces hagamos nuestra parte, hagamos de nuestra casa una casa de oración, consagrados a Cristo nuestro Señor.

Mantengámonos de rodillas en la presencia de Dios "orando sin cesar", instruyendo a los demás y sembrando en ellos la semilla del mensaje de la vida eterna.

La invitación de hoy es decirle al Señor: "quiero que nos salves, quiero que mores en nosotros, quiero que mi fe sea tan grande que contagie a todos mis seres amados a seguirte Señor.

Sin importar lo que suceda en el resto del mundo que nuestra resolución siempre sea: “mi casa y yo serviremos a Jehová”. Amén.

SEGURO EN CASA

Introducción:

Hermanos no es un secreto para nadie que una pandemia ha cambiado el estilo de vida del mundo, una enfermedad que aterroriza a todos, que aún no posee una cura, y que se puede contagiar con mucha facilidad. Mientras un virus inunda las calles de todos los países con terror, nosotros podemos estar seguros resguardados por la bendición de Dios.

En estos momentos las calles se encuentran vacías, la Organización Mundial de la Salud (OMS) y todos los médicos y epidemiólogos lo primero que recomiendan es quedarse en casa y ese eslogan ya se escucha en todos lados, en todo tipo de publicidad "quédate en casa". Muchos de los que me escuchan seguramente han tenido que adaptarse a la situación: trabajo desde la casa, estudiar por video llamada, ejercicio en la sala, incluso los sermones virtuales y han surgido un montón de formas creativas de continuar desde nuestros hogares. Algunos con mayor dificultad que otros. Se han tenido que cancelar todo tipo de eventos todos los torneos deportivos, conciertos, fiestas y lo más doloroso para los jóvenes, los campamentos. También se han cancelado todos los eventos religiosos de toda denominación

En redes sociales he leído con respecto a eso, algunas burlas bastante oportunistas y en principio suenan coherentes, pero no pueden estar más equivocadas, he leído comentarios como: ¿si Dios los protege porque no van a la iglesia? ¿Por qué las iglesias están cerradas? ¿Dónde quedó el poder de Dios?

Estas personas vienen con el mismo discurso con que Satanás tentó a Jesús en el desierto (Mateo 4: 5,6) "[5] Luego el diablo lo llevó a la ciudad santa e hizo que se pusiera de pie sobre la parte más alta del templo, y le dijo: [6] —Si eres el Hijo de Dios, tírate abajo..." El tentador reta a Jesús, que ponga a prueba el poder de Dios, a ver si es verdad que funciona, incluso llega a la bajeza de usar una cita bíblica como argumento "...Porque escrito está:» "Ordenará que sus ángeles te sostengan en sus manos, para que no tropieces con piedra alguna"». La respuesta para aquellos que preguntan, para los que dicen que hay que abrir las iglesias por que Dios nos protege es la misma que dio Jesús (Mateo 4: 7) "—También está escrito: "No pongas a prueba al Señor tu Dios"—le contestó Jesús." ¿Dios tiene poder para protegernos? Por supuesto que sí, yo tengo fe en que así es, yo tengo fe en sus promesas, pero eso no significa que yo debo ponerme en peligro a propósito, porque eso es retar a Dios.

Nosotros tenemos fe de que Dios puede cubrirnos con sus alas y mantenernos seguros porque así lo ha prometido, mi hogar será un resguardo. El salmo más famoso de todos así lo dice.

(Salmo 91: 9,10)

"[9] Ya que has puesto al Señor por tu refugio, al Altísimo por tu protección, [10] ningún mal habrá de sobrevenirte ninguna calamidad llegará a tu hogar."

La plaga no puede tocar tu hogar, una pandemia no cruzará tu puerta, con la bendición de Dios un virus no puede entrar, pero esta, al igual que muchas otras promesas bíblicas es condicional. Si quieres la protección, debes colocar a Dios como tu refugio, al altísimo por tu habitación. No puedes esperar la bendición de Dios en tu hogar si no invitas primero a Dios a tu hogar.

Lo curioso de la tentación de Satanás a Jesús, es que: ¿se le presenta después de que Jesús pasa cuantos días en el desierto? ¡40!, Cuarenta días y cuarentano noches dice (Mateo 4: 1,2). Jesús estaba pasando una cuarentena, alejado de todas las personas, dedicándose a encontrase con su Padre, a tener una estrecha relación con Dios.

Jesús no se fue al templo, lleno de personas y seguramente le habrían interrumpido constantemente en su ayuno. Jesús aprovechó la lejanía para regresar de su cuarentena lleno de poder de Dios, sujetando la mano del Altísimo y con poder de lo alto. Porque sí, quedarte en tu casa es tal vez lo que te hacía falta para reencontrarte con el Señor. Seguramente esto te quita las excusas y tú decides si consigues otras o te das cuenta que el problema eres tú. Si le estabas pidiendo a Dios que te ayudara a alejarte de la tentación, pues el Señor te está contestando porque en tu casa la tentación entra si tú la dejas, si tú sales a buscarla.

Cuerpo:

El mensaje de todos los médicos es el mismo "Quédate en casa" ¿quieres estar seguro? "Quédate en casa" ¿quieres evitar el contagio? "quédate en casa" ¿quieres proteger a tu familia? ¡Has que se queden en casa!

Por tantos días de quedarnos en casa es ya sentimos la necesidad de salir, sobre todos los pequeños en una familia que a veces no entienden del todo la situación actual. Así que cuando los niños de la casa le pidieron a mi amigo Tiago que los dejara salir, aunque fuera un ratito y ya, porque estaban muy aburridos en la casa, él les dijo que les contaría una historia.

Una historia que Dios en su infinita sabiduría inspiró en la Biblia. Una historia que refleja exactamente el tiempo en el que estamos pasando, incluso peor del que estamos pasando, es por eso que abriendo las Sagradas Escrituras buscaremos la historia de una mujer que logró salvar a su familia haciendo que se quedaran en casa y no salieran en medio de una crisis mortal.

¿Qué creen que le respondieron?

Pues le dijeron que eso sonaba aburrido, que mejor otra historia, así que les dijo que entonces les contaría una sobre espías, que entraban a un pueblo enemigo sin ser descubiertos, y entonces eso si les gustó, así que buscó su Biblia en el libro de Josué capítulo 2.

Josué el nuevo líder del pueblo tras la muerte de Moisés, uno de los 2 hombres que aún permanecían vivos de entre todas las personas que salieron de Egipto, tiene la difícil tarea de conquistar la Ciudad de Jericó, una ciudad enemiga fuertemente amurallada (Josué 2:1) "Luego Josué hijo de Nun envió secretamente, desde Sitín, a dos espías con la siguiente orden: «Vayan a explorar la tierra, especialmente Jericó». Cuando los espías llegaron a

Jericó, se hospedaron en la casa de una prostituta llamada Rajab." La razón por la que los espías entraron en esta casa de Rahab fue para esconderse de los guardias de la ciudad, para no levantar sospechas, pero esto también era parte del plan de Dios, a pesar de que el oficio de esta mujer es uno de los oficios peor vistos. Algo que era peor en aquella época, lo que producía que se le tratara como basura ante la sociedad. Dios conocía su corazón a pesar de sus pecados y en su infinito amor guio a estos 2 hombres de su pueblo a que tocaran a su puerta.

(Josué 2: 2,3) "2 Pero el rey de Jericó se enteró de que dos espías israelitas habían entrado esa noche en la ciudad para reconocer el país. 3 Así que le envió a Rajab el siguiente mensaje: «Echa fuera a los hombres que han entrado en tu casa, pues vinieron a espiar nuestro país»."

Para Rahab lo más sencillo era no meterse en problemas, hacer caso de lo que le pedían y entregar a los espías. Así ella quedaba sin ningún problema y podría continuar con su vida como si nada hubiera pasado. Eran hombres que acababa de conocer, no eran familiares, ni amigos y era totalmente verdad que eran enemigos de su país.

(Josué 2:4) "[4] Pero la mujer, que ya había escondido a los espías, le respondió al rey: «Es cierto que unos hombres vinieron a mi casa, pero no sé quiénes eran ni de dónde venían. [5] Salieron cuando empezó a oscurecer, a la hora de cerrar las puertas de la ciudad, y no sé a dónde se fueron. Vayan tras ellos; tal vez les den alcance». [6] (En realidad, la mujer había llevado a los hombres al techo de la casa y los había escondido entre los manojos de lino que allí secaba). [7] Los hombres del rey fueron tras los espías, por el camino que lleva a los vados del río Jordán. En cuanto salieron, las puertas de Jericó se cerraron."

Esta mujer pudo entregar a los espías del pueblo de Dios. Pudo recibir una recompensa y vivir un poco más cómoda por algún tiempo. Pero al igual que los que escuchamos la palabra de Dios no buscamos la comodidad pasajera, sino la recompensa eterna que solo Dios nuestro Señor nos puede brindar. Rahab no eligió el camino fácil, Dios tocó a su puerta a través de estos hombres y ella decidió escuchar el mensaje del Señor y le salvó la vida en su propia casa a estos dos hombres del pueblo de Dios acosta de su propia vida. Mas no serían las únicas vidas que esta mujer censurada por los demás lograría salvar.

La pregunta que nos queda ahora es ¿por qué? ¿Por qué arriesgar tanto por estos hombres israelitas? Si los guardias la descubren la hubieran matado junto a los espías por cómplice. Claramente no los conocía, ¿por qué exponer la vida por ellos?

(Josué 2: 8-10) "[8] Antes de que los espías se acostaran, Rajab subió al techo [9] y les dijo: —Yo sé que el Señor les ha dado esta tierra, y por eso estamos aterrorizados; todos los habitantes del país están muertos de miedo ante ustedes. [10] Tenemos noticias de cómo el Señor secó las aguas del Mar Rojo para que ustedes pasaran, después de haber salido de Egipto. También hemos oído cómo destruyeron completamente a los reyes amorreos, Sijón y Og, al este del Jordán."

Y aquí está la respuesta: Las historias de los grandes milagros que Dios había hecho con el pueblo de Israel, desde las plagas de Egipto, el milagro de abrir el mar rojo e incluso como derrotaron a los reyes amorreos que intentaron parar para que el pueblo de Israel llegara a la tierra prometida. Sin entender que la voluntad de Dios por su pueblo no se puede detener. No importa que tan grande sea el ejercito enemigo. No importa que tan altas sean las murallas. No importa cuán difícil se vea la situación. Si el pueblo de Dios es fiel, el Señor extenderá su brazo poderoso y nada detendrá su andar. Si el pueblo tiene a Dios de su lado, solo le depara la victoria.

Todos estos testimonios de las grandes cosas que Dios había realizado van de boca en boca. Los milagros que Dios hizo con su pueblo eran tan grandes que todas las naciones las conocían. En las calles de Jericó se hablaba de un pueblo de esclavos que clamaban a un Dios invisible y sin levantar una sola espada, fueron liberados de Egipto y el mar se tragó al ejercito entero. Imaginen el volumen de esos testimonios, si hoy en día cuando un político se enferma eso es noticia nacional, si uno se muere es noticia internacional. Egipto era para la época la más grande potencia mundial. Dios realizó las plagas no para torturar a los egipcios. Dios no se satisface en la tortura. Lo hizo para que todos pudieran ver su poder y así otros pueblos pudieran creer y ser salvos.

(Romanos 10:17) "[17] Así que la fe viene como resultado de oír el mensaje, y el mensaje que se oye es la palabra de Cristo."

En esta época los milagros y maravillas que Dios realizó que no fueron cualquier cosita, se esparcieron más rápido que un bochinche (chisme) por las redes sociales. Le sirvieron a Rahab, que los oyó, presto atención y creyó en la palabra del Señor. Ella no conocía al pueblo de Israel. Nunca antes había conversado con ninguno de ellos y le bastó los testimonios para tener una fe tan firme como para arriesgar su vida.

Pero Rahab no fue la única que escuchó las historias que daban testimonio del poder de Dios, todo el pueblo de Jericó reconocía que el Altísimo les entregaría la tierra que habitaban y por eso tenían tanto temor de los espías de Israel, los buscaban en un intento de obstaculizar y evitar el plan de Dios.

(Josué 2:11) "[11] Por eso estamos todos tan amedrentados y descorazonados frente a ustedes. Yo sé que el Señor y Dios es Dios de dioses tanto en el cielo como en la tierra."

Y las últimas palabras de este versículo demuestran las emociones que movía el corazón de Rahab no era solamente el temor, el miedo, la sensación de que le quitarían lo que tenían, nada de eso; Rahab lo que sentía en su corazón era la certeza de que El Dios de Israel, es el Dios vivo, verdadero y fiel.

Yo imagino la cara que pusieron estos espías al escucharla "predicando". Estos hombres pertenecían al pueblo que vio directamente todos estos milagros, lo vivieron en carne propia y aun así no tuvieron tanta fe. Aun así, en el momento crítico no mostraron la confianza en Dios que esta mujer mostraba. A este pueblo que renegaba a Dios a cada momento; lleno de quejas, incluso se quejaban de los mismos milagros. Es que resulta increíble; si Dios les mandaba pan del cielo para que comieran. Yo quisiera probar alguna vez el maná; ver como caía como rocío y hasta probarlo. Sería un sueño y estoy seguro que muchos también han deseado eso alguna vez. Pero cuando caía el maná en lugar de asombrarse por esto, el pueblo se quejaba (Éxodo 16:3) "3 —¡Cómo quisiéramos que el Señor nos hubiera quitado la vida en Egipto! —les decían los israelitas—. Allá nos sentábamos en torno a las ollas de carne y comíamos pan hasta saciarnos. ¡Ustedes nos han traído a este desierto para matar de hambre a toda la comunidad!"

Rahab le estaba dando una clase práctica, un testimonio increíble de fe a un pueblo que fue castigado por 40 años recorriendo el desierto porque cuando debieron mostrar que eran el pueblo de Dios, no confiaron en el Señor para conquistar la tierra que Dios les prometió. Y ahora encontraban una mujer que confiaba con todo su corazón en que Dios les entregaría la tierra. Una fe tan grande que no solo ayudaría a salvarla a ella misma.

(Josué 2: 12,13) "12 Por lo tanto, les pido ahora mismo que juren en el nombre del Señor que serán bondadosos con mi familia, como yo lo he sido con ustedes. Quiero que me den como garantía una señal 13 de que perdonarán la vida de mis padres, de mis hermanos y de todos los que viven con ellos. ¡Juren que nos salvarán de la muerte!"

Y esto es una gran enseñanza que Rahab nos da también a nosotros. Cuando conoces la salvación que regala el Señor, entonces el siguiente paso es actuar en favor de salvar a tu familia. Rahab pensó inmediatamente en la salvación de su padre, de su madre, de sus hermanos y hermanas.

Y yo no dejo de pensar en la cara que colocarían los espías al encontrar Jericó una persona con tanta fe.

(Josué 2: 14-19) "[14] —¡Juramos por nuestra vida que la de ustedes no correrá peligro! —contestaron ellos—. Si no nos delatas, seremos bondadosos contigo y cumpliremos nuestra promesa cuando el Señor nos entregue este país. [15] Entonces Rajab los bajó por la ventana con una soga, pues la casa donde ella vivía estaba sobre la muralla de la ciudad. [16] Ya les había dicho previamente: «Huyan rumbo a las montañas para que sus perseguidores no los encuentren. Escóndanse allí por tres días, hasta que ellos regresen. Entonces podrán seguir su camino». [17] Los hombres le dijeron a Rajab: —Quedaremos libres del juramento que te hemos hecho [18] si, cuando conquistemos la tierra, no vemos este cordón rojo atado a la ventana por la que nos bajas. Además, tus padres, tus hermanos y el resto de tu familia deberán estar reunidos en tu casa. [19] Quien salga de la casa en ese momento será responsable de su propia vida, y nosotros seremos inocentes. Solo nos haremos responsables de quienes permanezcan en la casa si alguien se atreve a ponerles la mano encima. Rahab ayudó a los espías a escapar, incluso ella misma fue quien trazó el plan y les indicó paso a paso lo que tenían que hacer para huir sin ser descubiertos y como burlar a los guardias regresando intactos al campamento de Israel. Ahora tenía la promesa de estos 2 espías de que cuando el poder de Dios callera sobre Jericó por medio de su pueblo escogido, ella tendría la oportunidad de estar a salvo, más no solo ella sino también a todos sus familiares. Pero como toda promesa de salvación, siempre hay una condición.

Rahab tenía que mantener a toda su familia, a todas las personas que tenía el deseo de salvar sus vidas de la destrucción de su ciudad; que se mantuvieran dentro de su casa. En ningún momento podrían salir, sin importar lo que pasara. Su misión era permanecer dentro del hogar señalado con el cordón y no cruzar la puerta en ningún momento. Suena a que era una tarea fácil; nada complicado. Pero ahora que vivimos una situación similar, no parece algo tan fácil de hacer. Incluso con todas las comodidades y tecnologías que tenemos hoy en día, es extremadamente difícil mantenernos sin salir ni por un momento a comprar o a otra necesidad. Somos personas sociables a todos nos afecta estar encerrados, a unos más que a otros, por supuesto, pero eventualmente a todos nos afecta.

Por suerte para Rahab los espías debían ir a pie y el campamento de Israel estaba bastante lejos como para que no fueran vistos. Se encontraban del otro lado del río Jordán y ese no era cualquier río que se cruzaba subiéndose el ruedo del pantalón y quitándose los zapatos. Estamos hablando de un río enorme, que en época de lluvias se convertía en un verdadero problema. Cualquiera que intentaba cruzarlo capaz se ahoga. Los espías debían ir de nuevo a donde se encontraba Josué y luego regresar a Jericó con un plan, tardarían meses en hacer todo ese viaje. Como si fuera poco todo el tiempo que les tomaría el viaje de ida y vuelta con el ejército, el pueblo de Israel cuando ya se encontraba cerca de Jericó, en Gilgal, acamparon y celebraron la pascua.

Toda esa tardanza también hacia parte del plan de Dios, porque el Señor ofrece una salvación que esté al alcance de todos. En todos esos meses, Rahab debía convencer a su familia de que escucharan su voz y se quedaran en su casa como la única forma de salvarse. Cada día que el pueblo de Israel se atrasaba en llegar a Jericó era un día de evangelismo que Rahab no podía desperdiciar. Debía predicar, enseñar y llenar de fe a cada persona que amaba si quería que no murieran en las calles, por la espada como muchos otros morirían. Cada instante, cada palabra, cada momento contaba en una situación en la que una ramera debía convertirse en la mejor evangelista de Jericó. Porque salvarnos nosotros ya es un reto, pero algunos se sientan en el confort de su propia salvación. Yo deseo ser salvo junto a cada familiar que tengo, al igual que Rahab lo deseaba. Yo imagino a esta mujer orando sin descanso, visitando a cada uno de sus parientes y hablándoles por horas de las maravillas de Dios. Seguramente al principio la tomaron por loca, de seguro algunos se escondían cuando la veían acercarse para no tener que escucharla hablar de Dios otra vez. Tal vez algunos hasta fueron vulgares con ella, le dirían que ella no tenía ninguna autoridad para hablar del amor de Dios y la obediencia. No me sorprendería que alguno la insultara por los errores de su vida pasada pero cuando el premio es la salvación de tus familiares, todos los sacrificios valen la pena si al final puedes estar junto a tus seres queridos en el Cielo.

Finalmente, el día llegó, el pueblo de Israel con todo su ejército se levantó frente a los muros de Jericó, pero conquistar la ciudad no sería fácil.

(Josué 6: 1-3) "[1]Las puertas de Jericó estaban bien aseguradas por temor a los israelitas; nadie podía salir o entrar. [2] Pero el Señor le dijo a Josué: «¡He entregado en tus manos a Jericó, y a su rey con sus guerreros! [3] Tú y tus soldados marcharán una vez alrededor de la ciudad; así lo harán durante seis días."

Y Josué obedeció, todos los soldados del pueblo daban una vuelta a Jericó una vez al día, rodearon por fuera de los muros toda la ciudad y cada vez que pasaban por aquella ventana pegada a los muros por donde habían escapado; los espías podían ver el cordón colgado y recordar la promesa que habían hecho a aquella mujer.

Siete veces pasaron por la misma ventana y seguramente ya todo el pueblo, cada soldado sabía exactamente donde era la casa de aquella mujer donde no podían entrar ni atacar a nadie que se encontrara dentro.

Cada día que Rahab veía a lo lejos pasar por su ventana al pueblo de Israel seguramente pensaba que era el último día que tenía para convencer a su familiar, a aquella persona a la que le damos estudios bíblicos y se resiste al llamado del Señor. No logro imaginar la angustia de la mujer al ver que tal vez esa sería su última oportunidad de salvarlos. Pero es precisamente en esos momentos más críticos donde debe salir a brillar la fe del cristiano.

(Josué 6: 20) "[20] Entonces los sacerdotes tocaron las trompetas, y la gente gritó a voz en cuello, ante lo cual las murallas de Jericó se derrumbaron. El pueblo avanzó, sin ceder ni un centímetro, y tomó la ciudad."

El día finalmente llegó, los Israelitas dieron la última vuelta a la ciudad de Jericó, las trompetas sonaron y los muros cayeron por el poder de Dios. Aquellas murallas poderosas que hacían sentir seguros a los habitantes de la ciudad fueron derribadas en un instante. La casa de Rahab que se encontraba también pegada a los muros debió temblar terriblemente cuando parte de la enorme estructura de piedra calló. Y como en todo temblor, con ese gran estruendo, con tanto alboroto, alguno podría sentir el fuerte deseo, el impulso de salir corriendo de la casa.

Y créanme, ese deseo de correr en un terremoto es grande. Hay gente que casi nunca sienten los temblores, se enteran que tiembla porque la gente escribe por redes que tembló, porque alguien les dice o porque lo veo en las noticias. Yo siento los temblores, los puedo anunciar. A otros les preguntan ¿sentiste el temblor? Y ni enterados están. Un amigo que es así en una de esas ocasiones, esa falta de sensibilidad le falló por completo. Fue un señor temblor. Cuando uno siente que las paredes están bailando y que el suelo se mueve como si uno estuviera de pie en una guagua pública en uno de los países que las usan así. Eso si da miedo, uno siente que el corazón se altera y aparecen esas ganas de salir corriendo, como si afuera no estuviera temblando también.

Yo he recibido algunas clases de seguridad y cómo reaccionar en caso de emergencias y uno se aprende toda la teoría y todo suena muy fácil. Pero cuando algo pasa es muy diferente. Les comento que en caso de un temblor los expertos recomiendan no salir a la calle. Puede caer algún objeto, una ventana de un edificio, alguna lampara de servicio público, una rama de un árbol, un conductor puede perder el control del auto o lo más común que ocurre es que los cables eléctricos se caigan y eso es mucho más peligroso. Lo que recomiendan es esconderse en el triángulo de vida y si no saben que es no se desesperen, yo les cuento. El triángulo de vida eso es el triángulo que se forma entre un objeto resistente y el suelo. No debajo, sino a un lado, ese espacio es la zona más segura de toda la casa y donde hay más probabilidad de sobrevivir. Otra técnica, más famosa, es la de agacharse, cubrirse y sujetarse, esta es mucho más común y más aceptada por los organismos de recate, que es la famosa técnica de agacharse para que el terremoto no te tumbe, cubrirse debajo de una mesa o un escritorio y sujetarse de algo solido hasta que pase el temblor. Y yo sabiendo todo eso en el momento que el terremoto me sorprendió, me dieron unas ganas de salir corriendo, imaginen como se habrían sentido las personas que se encontraban en la casa de Rahab, estas personas conocían a Dios por lo que les contaba Rahab. Del testimonio de las maravillas que hizo con Israel. Si es complicado evangelizar con la Biblia, imaginen sin tener una. Es más, lo único que existía de La Biblia escrita en ese momento eran el Pentateuco que acababa de escribir Moisés unos años atrás. Solo existía una copia y claramente Rahab no la había leído nunca.

Cuando los muros caen, el ejército de Israel entra a Jericó con gritos y trompetas.

(Josué 6:21,22) " [21] Mataron a filo de espada a todo hombre y mujer, joven y anciano. Lo mismo hicieron con las vacas, las ovejas y los burros; destruyeron todo lo que tuviera aliento de vida. ¡La ciudad entera quedó arrasada! [22] Ahora bien, Josué les había dicho a los dos exploradores: «Vayan a casa de la prostituta, y tráiganla junto con sus parientes, tal como se lo juraron»."

En medio de toda la algarabía, la destrucción y el desorden, en medio de tanta muerte, es donde toda la misión de Rahab con su familia pasaba la más dura prueba. En medio de toda la confusión, si algún soldado encontraba a cualquier persona en la calle no iba a detenerse, el trato era claro. Solo respetarían a los que estuvieran dentro de esa casa y nada más. ¿A cuántos de sus familiares logró salvar Rahab? ¿Su fe alcanzó para salvar a 1, 2, o 3 tal vez?

(Josué 6:23) "23 Así que los jóvenes exploradores entraron y sacaron a Rajab junto con sus padres y hermanos, y todas sus pertenencias, y llevaron a toda la familia a un lugar seguro, fuera del campamento israelita."

Toda la ciudad de Jericó fue consumida hasta la última piedra, pero Rahab no se salvó solo ella, ni a uno, ni dos, ni a tres personas de su familia, ¡no! Ella por su fe y la dedicación de sus acciones logró salvar a toda su familia; a su padre, a su madre, a sus hermanos y hermanas. Incluso salvó todas sus pertenencias, hasta al familiar más lejano, al primo del primo de su tía. La Palabra del Señor dice que logró salvar a toda su parentela. Ni un rasguño sufrió ninguno. Por la manera que Rahab se mostró fiel, el Señor la recompensó grandemente.

Y de esa forma Rahab dejo de ser la Ramera de Jericó a convertirse en una valiente Dama del Pueblo de Israel, pasó de ser una desvalorizada, llena de pecados y vergüenza a convertirse en un ejemplo de fe.

Irónicamente, un hombre que sí conocía a Dios de primera mano. Un hombre que desde su más tierna infancia había visto en carne propia la fidelidad de las promesas de Dios, no pudo realizar esta misma hazaña, y salvar a su familia mientras la ciudad donde vivía se destruía. Hablo de Lot, quien se separó de su primo Abraham y se fue a vivir a Sodoma Allí con su esposa e hijas se encontraba cuando llegaron los enviados del Señor, los ángeles.

Ya todos conocemos la historia, Lot encontró a estos ángeles en las calles de Sodoma y como conocía la perversión de la ciudad, los llevó a su casa para protegerlos. Pero ya los habían visto y los siguieron. Como los ángeles eran hermosos y el pueblo lleno de maldad; llamaron a la puerta de Lot pidiendo que los sacara.

(Genesis 19: 6-8) "[6] Lot salió a la puerta y, cerrándola detrás de sí, [7] les dijo: —Por favor, amigos míos, no cometan tal perversidad. [8] Tengo dos hijas que todavía son vírgenes; voy a traérselas para que hagan con ellas lo que les plazca, pero a estos hombres no les hagan nada, pues han venido a hospedarse bajo mi techo. Me parece sorprendente la diferencia tan grande entre Lot y Rahab. Mientras ella al encontrarse con los 2 mensajeros de Dios lo primero que pensó fue en salvar a su familia; Lo primero en lo que pensó Lot fue en entregar a la suya. Y seguramente lo intentaba con la mejor de las intenciones, pero no dejaba de ser un acto horrible en que un padre quisiera entregar a sus hijas sin que nadie se lo pidiera. Dios no le pidió a Lot que lo hiciera. Los ángeles no se lo pidieron. Estos mensajeros de Dios no necesitaban en ningún momento que Lot los salvara porque ellos venían llenos del poder de Dios para destruir toda la ciudad si fuera necesario. Así que Lot estaba regalando a su familia sin ninguna justificación. Los ángeles se libraron de eso solos e inclusive salvaron al mismo Lot en el proceso.

(Genesis 19: 10,11) [10] Pero los dos hombres extendieron los brazos, metieron a Lot en la casa y cerraron la puerta. [11] Luego, a los jóvenes y ancianos que se agolparon contra la puerta de la casa los dejaron ciegos, de modo que ya no podían encontrar la puerta."

Los ángeles habían ido a Sodoma para ver si merecía otra oportunidad o si habría personas de buen corazón aún suficientes para no destruirla, pero con este acto dejaron más que claro que la perversión y corrupción de Sodoma era merecedora del castigo que se le tenía preparado.

(Genesis 19: 12; 13) "12 Luego le advirtieron a Lot: —¿Tienes otros familiares aquí? Saca de esta ciudad a tus yernos, hijos, hijas, y a todos los que te pertenezcan, 13 porque vamos a destruirla. El clamor contra esta gente ha llegado hasta el Señor, y ya resulta insoportable. Por eso nos ha enviado a destruirla."

Y continúan las diferencias, mientras Rahab fue quien luchó por salvar a toda su familia, a Lot fueron los mismos ángeles quienes le pidieron que buscara a todo familiar y los sacara de la ciudad para que se salvaran de la destrucción que vendría. Lot no se había preparado ni había preparado a su familia para los días de dificultad, Lot mismo fue quien escogió irse a vivir con su familia a una ciudad tan pedófila como Sodoma. Lot en ese lugar dejó crecer a sus hijas criadas en un ambiente de pecado.

(Genesis 19:14) "14 Lot salió para hablar con sus futuros yernos, es decir, con los prometidos de sus hijas. —¡Apúrense! —les dijo—. ¡Abandonen la ciudad, porque el Señor está por destruirla! Pero ellos creían que Lot estaba bromeando,"

Lot había fallado en evangelizar a su familia y en hablarles de Dios y enseñarles de las verdades del evangelio; que cuando les habló en el momento de crisis cuando el Señor destruiría la ciudad lo único que pensaron era de que Lot estaba bromeando. No se lo tomaron en serio. A ellos les pareció chiste, porque no tenían el más mínimo temor a Dios, en sus corazones no tenían la menor partícula de fe en la palabra del Altísimo.

(Genesis 19:15,16) "15 así que al amanecer los ángeles insistieron con Lot. Exclamaron: —¡Apúrate! Llévate a tu esposa y a tus dos hijas que están aquí, para que no perezcan cuando la ciudad sea castigada. 16 Como Lot titubeaba, los hombres lo tomaron de la mano, lo mismo que a su esposa y a sus dos hijas, y los sacaron de la ciudad, porque el Señor les tuvo compasión."

Los yernos de Lot no le creyeron y no quisieron irse de la ciudad, como ellos no se fueron, las hijas de Lot tampoco querían irse. Para ellas era más importante sus novios que las palabras de su padre y como las chicas no querían irse, la mujer de Lot tampoco quería irse. No iba a dejar a sus hijitas. Y claramente como ninguna quería irse Lot tampoco se iba. Los mismos ángeles se vieron en la necesidad de sacarlos a todos de la ciudad porque de otra forma Lot y su familia habrían sufrido el castigo junto con toda Sodoma. Esta es una drástica diferencia de cómo ocurrieron las cosas para Rahab.

Los ángeles sacaron a Lot y su familia de la ciudad por la promesa hecha a Abraham de que salvarían a cualquier justo que encontraran en Sodoma; aunque fuera uno solo. Pero lo que sucede es que no se puede salvar a alguien a la fuerza. La salvación es voluntaria, Dios la ofrece a todos por igual y es nuestra decisión personal si la aceptamos ser parte del colectivo que Dios salvará o no. (Apocalipsis 3:20) "[20] Mira que estoy a la puerta y llamo. Si alguno oye mi voz y abre la puerta, entraré, y cenaré con él, y él conmigo." El Espíritu Santo toca a la puerta. No la derriba. Ni entra por una ventana. Ni por la chimenea a media noche, no ese no es Dios. El Señor toca a la puerta y depende de nosotros escuchar la voz del Espíritu Santo y abrirle. Dios no salva a nadie sin su consentimiento. Dios es un Dios de amor y no obliga a que le aceptemos a Jesús como salvador personal.

Como la familia de Lot nunca aceptaba en su corazón el llamado del Señor por más que les forzaran a salir de la ciudad. ellos mismos rechazarían la salvación. Se les indicó claramente que no podrían mirar atrás pero el corazón de la esposa de Lot no se encontraba en las promesas del Señor sino en su vida en Sodoma y allí puso su mirada.

(Genesis 19:26) "[26] Pero la esposa de Lot miró hacia atrás, y se quedó convertida en estatua de sal."

El triste final de la esposa de Lot es algo muy famoso. Ahora Lot no solo había perdido a sus yernos, también a su esposa y solo le quedaban sus dos hijas, pero con ellas tampoco aprovechó para inculcar correctamente el respeto de Dios. Con miedo a quedarse sin descendencia, embriagaron a su padre y cuando ya estaba tan borracho que no podía diferenciar nada, cometieron actos perversos.

(Genesis 19: 36) "[36] Así las dos hijas de Lot quedaron embarazadas de su padre."

Las hijas de Lot no llevaban en su corazón las enseñanzas de su padre, llevaban las enseñanzas de Sodoma. A tal punto de planear y ejecutar actos de incesto con su propio padre, actos dignos de los más grandes degenerados. Al final, Lot no pudo Salvar a nadie de su familia.

Conclusión:

Lo que hizo Rahab, su fe en Dios fue tan grande que no solo se logró salvar, salvó a toda su familia y se hizo parte del pueblo de Dios. Dejó su pasado sepultado e hizo una nueva vida de ejemplo y honor. Su fe fue tan grande que Dios la vio por digna. Educó de forma tan adecuada a sus hijos que no solo se registra su nombre en el Antiguo Testamento, sino que su descendencia fue quién le dio salvación al mundo por medio de Jesús el Cristo.

(Mateo 1:1) "Tabla genealógica de Jesucristo, hijo de David, hijo de Abraham:"

Y sí, Rahab fue parte del árbol genealógico de Jesús, el Señor vio con ojos tan agradables su fe, que Dios mismo se hizo hombre en su familia directa muchas generaciones después y no solo eso...

(Mateo 1: 5,6) "[5] Salmón, padre de Booz, cuya madre fue Rajab; Booz, padre de Obed, cuya madre fue Rut; Obed, padre de Isaí; [6] e Isaí, padre del rey David. David fue el padre de Salomón, cuya madre había sido la esposa de Urías;"

Rahab se casó con un hombre llamado Salmón, fue suegra de Rut, bisabuela del Rey David, Tatarabuela del Rey Salomón, y ancestro de Jesús, quien murió por nuestros pecados para que la salvación llegara a todo el mundo.

Mantén a tu familia y a Dios dentro de tu hogar. Aprovecha las circunstancias para llevar el mensaje de salvación. No esperes a que sea tarde. No esperes a que la crisis llegue. No sea que en la tribulación no estén preparados y bien afirmados en la fe de Jesús. Invita a Dios a tu hogar junto a tus seres queridos y así todos podremos estar seguros en casa. Así podremos reclamar la promesa de Dios

(Salmo 91: 9,10)

"[9] Ya que has puesto al Señor por tu refugio, al Altísimo por tu protección,[10] ningún mal habrá de sobrevenirte, ninguna calamidad llegará a tu hogar."

No habrá mal o plaga alguna de la que Dios no pueda librar a sus hijos fieles. No hay amenaza física o espiritual de la que el Señor no pueda protegernos.

Llamado:

La invitación es a colocar a Dios como principal en casa. Abrirle la puerta al Señor en nuestros corazones. Mantener firme nuestra fe sin importar la situación. Porque el Señor en mi esperanza, mi refugio y mi fortaleza.

El llamado de hoy es a colocar a Dios como nuestra habitación y entonar con todo nuestro corazón el (Salmos 18:2) "[2] El Señor es mi roca, mi amparo, mi libertador; es mi Dios, el peñasco en que me refugio. Es mi escudo, el poder que me salva, ¡mi más alto escondite!"

Y que este versículo sea una realidad en nuestra vida.

Porque una plaga no cierra la iglesia de Dios. Lo que ha provocado es que cada persona abra una nueva iglesia en cada hogar. Que tu hogar sea un lugar consagrado a Dios. Si Dios está en el hogar estamos a salvo en casa.

Amén.

SABIDURÍA DE DIOS

Proverbios 3:13 *"Bienaventurado el hombre que halla la sabiduría, Y que obtiene la inteligencia"*

Propósito: El saber humano no puede calificar a nadie para el reino celestial (MJ). Debemos ejercer nuestra inteligencia y no abandonar la facultad de tomar decisiones. Se necesita usar la inteligencia para determinar cuál es la voluntad divina mediante la Palabra y las providencias de Dios. Se necesita una voluntad enérgica y purificada por Dios si se desea seguir el camino recto hasta el fin. Para ese fin necesitamos la capacitación, el conocimiento, la afirmación, transformación, fructificación y la rectitud sobrenatural de Dios. Les invito a ver este procedimiento. Tómelo y hágalo suyo.

Historia de Katherine de Puerto Rico.

Es una joven que desde pequeña ha sufrido un montón. Vivió la separación de sus padres. Alega que vivió con padrastros mal tratantes. Me cuenta que esos padrastros la han besado, rosado etc. Ha vivido secuestros. Inclusive ha estado comiendo por 6 meses helado en vez de comida. Vio como casi matan a la mama a golpes. A consecuencia su madre se emborracha. Cría a su hermanita como puede con lo que tenía a la mano. Crece viendo hombres desnudos en la sala.

Su papa le decía te voy a buscar y la dejaba vestida, plantada. Algunas madrastras no la aceptaban. En su vida ella necesitaba a su padre. Necesitaba alguien que la defendiera. Alguien que la guiara y le diera la motivación para tomar decisiones sabias en la vida. Katherine encontró la sabiduría que necesitaba en el Espíritu Santo de Dios. Me la encontré trabajando en un restaurant hace pocas semanas le hice un llamado allí mismo y ahora quiere ser bautizada y permanecer gozando para siempre la sabiduría que viene del cielo.

Recuerdo a un profesor que siempre nos decía "a quien Dios llama capacita"

Dios nos da la capacitación.

"Y dijo Moisés a los hijos de Israel: Mirad, Jehová ha nombrado a Bezaleel hijo de Uri, hijo de Hur, de la tribu de Judá; y lo ha llenado del Espíritu de Dios, en sabiduría, en inteligencia, en ciencia y en todo arte" Éxodo 35:30-31

Esto sucede cuando Bezaleel y Aholiab fueron llamados para la obra porque a quien Dios llama lo capacita. El Señor mismo es quien proporciona esa capacidad y la da a quienes buscan y quieren su inteligencia, su sabiduría, su ciencia y su arte.

Es cierto que hay diversos niveles de coeficientes del intelecto. Algunas personas tienen más que otros, sin que se relacione con el nivel de vida espiritual o de la entrega a Dios de ese ser humano, porque solo revela el nivel intelectual o la capacidad de razonamiento. Mas, es posible que el nivel de inteligencia se afecte por nuestro historial familiar y cultural en los genes.

La buena noticia es que, si te acercas a Jesús y comienzas a vivir de cara a la luz, serás iluminado sin importar si tus antepasados permanecieron en oscuridad espiritual.

Ahora la genética de Dios ha germinado dentro de nosotros por la sangre de Jesús.

Cuando la herencia de corrupción se corte por la sangre de Jesús el cristo, levantarás tus manos y pedirás al Espíritu Santo que te llene con su inteligencia: "Padre, Tú dijiste que al que te lo pidiere, se lo darías. En el nombre de Jesús te pido que derrames sobre mí de tu Espíritu: Espíritu de sabiduría, de inteligencia, de ciencia, de arte sobre mi vida".

Conocimiento.

"Y reposara sobre él el Espíritu de Jehová; espíritu de sabiduría y de inteligencia, espíritu de sabiduría y de inteligencia, espíritu de consejo y de poder, espíritu de conocimiento y de temor de Jehová" (Isaías 11:2)

La llenura del Espíritu Santo es más que un toque. Es la certeza de la Presencia de Dios con nosotros. Anhelamos recibir el Espíritu Santo pues nos damos cuenta que hay una misión que cumplir. Dios anhela tocar nuestra vida para llenarnos del conocimiento de sus propósitos, pero para cumplir ese propósito necesitamos sabiduría, conocimiento e inteligencia, ese será nuestro arsenal.

El Espíritu Santo ha sido enviado para alumbrar los ojos de nuestro entendimiento, pues es Espíritu de sabiduría y revelación.

"para que el Dios de nuestro Señor Jesucristo, el Padre de gloria, os de espíritu de sabiduría y de revelación en el conocimiento de él, alumbrando los ojos de vuestro entendimiento, para que sepáis cual es la esperanza a que él os ha llamado, y cuales las riquezas de la gloria de su herencia en los santos, y cual la supereminente grandeza de su poder para con nosotros los que creemos, según la operación del poder de su fuerza" (Efesios 1:17-19)

Pero surge la pregunta:

¿Cómo crezco en conocimiento u sabiduría para enfrentar los desafíos de la vida diaria?

La respuesta es:

"Ejercítate para la piedad; porque el ejercicio corporal para poco es provechoso, pero la piedad para todo aprovecha, pues tiene promesa de esta vida presente y de la venidera". (1 Timoteo 4:7)

En este texto la palabra "piedad" hace referencia y respeto que facilita el aprendizaje y recepción de la sabiduría.

En este texto la palabra "piedad" hace referencia a la reverencia y respeto que facilita el aprendizaje y recepción de la sabiduría.

Por eso dice la escritura;

"El temor de Jehová es el principio de la Sabiduría, y el conocimiento del Santísimo es la inteligencia." (Proverbios 9:10)

Me cuenta un padre mientras jugaba un video juego con su hijo, que él le daba las instrucciones acerca de cómo podría recargar su arsenal con uno de los botones del controlador. En medio de lo acelerado del juego, el no recordaba que botón oprimir. El volvió a mirarlo y repitió las instrucciones. Comprendió entonces que no solo le faltaba coordinación en el dedo pulgar, sino también un conocimiento intuitivo de que botón presionar en el momento correcto. Necesitaba humildad y paciencia para ser enseñado y corregido por su propio hijo.

En nuestro caminar diario, la practica paciente y humilde de los principios bíblicos que el E.S. nos enseña es la única forma de adquirir sabiduría. Él nos llena de conocimiento, inteligencia, consejo, poder y temor del Señor. Entonces... ¿Qué cosas serán difíciles para ti?

Afirmación

"Me dijo Hijo de hombre, ponte sobre tus pies, y hablare contigo. Y luego que me habló, entró el Espíritu en mí y me afirmó sobre mis pies, y oí al que me hablaba" (Ezequiel 2:1-2)

Cuando el Espíritu Santo llega a nosotros, nuestros pies se afirman. Esto nos habla del fundamento que nos permite soportar el peso de los planes y propósitos que anhelamos alcanzar. Cada uno tiene la necesidad de ser afirmado en su interior para cumplir s misión. Por esa razón el Testimonio del Espíritu Santo comienza asegurándonos que nuestra posición delante del Padre es firme, pues hemos sido adoptados por medio de Jesucristo.

La afirmación es la aceptación de lo que Dios desea para nuestra vida, es decir, la certeza de sus objetivos para nosotros. La afirmación nos hace reconocer cuando algo se alinea con esos propósitos. La afirmación te hace declarar: "Si, esto es de Dios".

En nuestro interior se borrarán todas dudas, todos los obstáculos se derrumban y comienzas a trabajar con determinación, con impulso, y triunfas porque fuiste afirmado.

¿Qué planes hay en tu corazón para este año que

está recién comenzando? ¿Qué sueños hay dentro de ti? ¿Qué cosas estas anhelando y esperando que sucedan en tu vida?

No hay otra cosa que te dé más esperanza y un mayor sentido de futuro que escuchar la voz de Dios que te dice: "Porque yo se los pensamientos que tengo acerca de vosotros, dice Jehová, pensamientos de paz, y no de mal, para daros el fin que esperáis" (Jeremías 29:11)

Hoy el Espíritu Santo te afirma y te dice: "Levántate, corre con la visión, tú puedes, lo lograras. Dios puso ese sentir en tu corazón. Si simplemente te esfuerzas y eres valiente, lo lograrás. Dios puso ese sentir en tu corazón. Si simplemente te esfuerzas y eres valiente, lo lograras. N habrá quien te detenga".

Regocíjate, pues todas sus promesas son sí y amen. Escucha la voz del Espíritu Santo, serás afirmado en tu interior y tendrás las fuerzas del búfalo.

Transformación

"Entonces el Espíritu de Jehová vendrá sobre ti con poder, y profetizarás con ellos, y serás mudado en otro hombre. Y cuando te hayan sucedido estas señales, haz lo que te viniere a la mano, porque Dios está contigo" (1 Samuel 10:6-7).

El profeta Samuel declaro que la transformación vendría por medio del Espíritu Santo. Le dijo a Saúl que el poder del Espíritu lo mudaría en otra persona. La palabra "mudar" significa "cambiar, virar, voltear".

Existen muchos cursos de entrenamiento para tratar deficiencias de personalidad, de carácter. Aún hay clases de "Manejo de la ira" para saber controlar os arranques de enojo y la violencia que se produce como consecuencia. Pero lo único que puede transformarnos

Fructificación

"Hasta que sobre nosotros sea derramado el Espíritu de lo alto, y el desierto se convierta en campo fértil, y el campo fértil, sea estimado por bosque" (Isaías 32:15).

Todo lo que Dios hace comienza con una semilla. Allí está todo el potencial de la vida de forma latente. Pero a menos que este potencial sea desatado, se quedara encerrado y nunca beneficiara a nadie. La única forma en que este potencial es liberado es mediante la germinación, y o puede haber germinación a menos que haya agua que la nutra. Por eso, es tan importante ser llenos del Espíritu Santo y dejar que la lluvia del cielo llene nuestro interior, pues de ahí brota la inspiración e intensidad que devuelve la fertilidad a nuestro ser y hace que germinen las semillas de las promesas que Dios nos ha dado.

Si no hay agua, la semilla se quedara sin fruto. Hace un tiempo leí en una revista acerca del descubrimiento de la tumba de un Faraón egipcio que tenía más de 4000 años de antigüedad. Los arqueólogos encontraron en su interior muchos tesoros y también semillas que fueron dejadas ahí para proveer de alimento al Faraón en su aparente y alegado viaje al "más allá". Por supuesto, el muerto no toco el alimento, este se conservó durante todo ese tiempo sin echarse a perder, a causa de la baja humedad del lugar. Sin agua no hay germinación, y por consiguiente, no hay fruto.

Lo que me asombró de la historia fue descubrir que, al llevar una porción de esas semillas a un laboratorio para ver si germinaban después de tantos años, al poner agua sobre ellas, pronto comenzaron a dar señales de vida. Algunos días después las raíces habían brotado, y en cuestión de semanas, el fruto se manifestó.

Dios ordenó el principio de la fructificación y multiplicación por medio de la germinación de las semillas que ha puesto en cada árbol.

Por eso, a Escritura dice en Génesis 1:11: "Después dijo Dios produzca la tierra hierba verde, hierba que de semilla; árbol de fruto según su género, que su semilla este en él, sobre la tierra".

En la semilla está el potencial de fructificación, pero a menos que sea derramada el agua de las lluvias del cielo, nuestro interior quedara seco, árido y estéril. Este potencial es grandísimo, es mayor que nuestro alcance actual. Deja que el Espíritu Santo te llene hoy, y tu interior se convertirá en un campo fértil que dará mucho fruto. "Puedes contar las semillas en una manzana, pero no puedes contar las manzanas en una semilla."

Rectitud

"Y pondré dentro de vosotros mi Espíritu, y hare que andéis en mis estatutos, y guardéis mis preceptos, y los pongáis por obra" (Ezequiel 36:27)

Para este nuevo año es muy importante que tomemos decisiones de consagración, pureza y rectitud. En este año debemos ejercer nuestra voluntad para activar nuestra fe y someter todo nuestro ser bajo la autoridad de Jesús. Pero también es muy importante comprender que por mucho que nos esforcemos, nunca podremos cambiarnos a nosotros mismos. Es por eso que esta promesa es tan alentadora: "Yo hare que tu camines en mis estatutos". El cambiará nuestro interior de tal forma que nuestro ADN espiritual, nuestra naturaleza interior será reprogramada por el Espíritu Santo y comenzaremos a andar en sus caminos naturalmente, porque estos están esculpidos en nosotros, en la naturaleza de nuestros genes. Esta es la obra preciosa de Jesús en tu vida. Te inclinaras por las cosas del Espíritu, porque desde ese momento una nueva naturaleza formará parte de ti: la naturaleza formará parte de ti: la naturaleza de Dios. Tu corazón se inclinará hacia lo que es bueno, y podrás vivir a la luz de la Palabra que dice:

"No seas vencido de lo malo, sino vence con el bien el mal" (Romanos 12:21).

Eso es actuar sabiamente.

¿Cómo encontrar sabiduría?

¿Cómo se adquiere sabiduría, este don formidable que según la Biblia es más precioso que el oro y la plata? Existen varias maneras.

1. Procura conocer a Dios a través de su Palabra, la Biblia.

a) En Salmos y en Proverbios se nos dice una y otra vez que "El principio de la sabiduría es el temor del Señor" (Salmo 111:10). La palabra temor, en este contexto significa "reverenciar, honrar y respetar". Ese es el comienzo. No pienses nunca que puedes dejar de lado la Biblia y aun así vivir una vida que agrade a Dios. Es imposible. Haz un esfuerzo por leer la Palabra de Dios todos los días. ¡Si ignoras, estás, desechando oro puro!

2. Pídele a Dios que te dé su sabiduría. (Ver Santiago 1:5)

b) No dudes en pedir orientación a Dios si no sabes qué hacer en determinada situación. Si esperas con paciencia Él te mostrara su voluntad para tu vida.

3. Procura relacionarte con personas que caminan junto a Dios. Deja que sus vidas sean un modelo para tu propia vida.

c) Pide consejo a creyentes más maduros y descubrirás que a menudo Dios te habla por medio de ellos cuando buscas conocer su divina voluntad.

Nuestra sabiduría es limitada pero la sabiduría de Dios es infinita. Él sabe todo lo que puede saberse. Si Dios participara de tu clase de química, no necesitaría estudiar jamás porque El creó la química, así como la geometría, el álgebra y todas las clases que algún día tengas que estudiar. Más importante que datos y cifras, es que sabe cómo funciona la vida. El entiende la belleza del amor y el poder de la amistad. También comprende el poder destructivo del pecado y por eso nos ofrece su sabiduría divina. La brinda gratuitamente a todo el que desea recibirla.

Como decía en vida mi profesor el Pr. Juan Calisto: "Olam le Olam" que significa "para siempre".

Historia de Tractor

El Papa de Alfredo había sido claro en sus instrucciones. "Hijo esta noche te dejare conducir el tractor con una sola condición: que vayas despacio, y me refiero a ir bien despacio. No queremos que nadie salga herido." Un gesto rápido indicó que Alfredo entendía y el muchacho partió a prepararse para la fiesta.

La luna se elevó rosada y brillante sobre la granja, mientras los jovencitos empezaron a llegar. Pronto la fiesta estaba en su apogeo y cuando Alfredo subió de un salto al viejo tractor y lo encendió, el humo azul y un fuerte rugido que partió el caño de escape dio la señal de que ya era hora de dar un paseo campestre.

Cuando los chicos corrieron y saltaron a los gritos acopladamente, Alfredo se sintió sumamente importante. Una vez que estuvieron todos a bordo, Alfredo deslizo la enorme palanca de velocidades, la puso en primera y libero el pedal. El tractor dio una sacudida y se puso en movimiento con la carga de muchachitos rumbo al campo.

Al principio los chicos estaban conformes con la marcha lente del tractor, pero luego comenzaron a gritar: "Mas rápido Alfredo...más rápido." El muchacho miro hacia atrás, sonrió, y se encogió de hombros como diciendo: "Lo siento, esta es la velocidad máxima permitida por hoy".

Vamos, Alfredo, ¿no puedes hacer que esta cosa ande un poco más rápido?", gritaron algunos de sus amigos. Alfredo aceleró, dándole más poder a la máquina, pero sin aumentar demasiado la velocidad. Mientras consideraba la posibilidad de pasar el tractor a una marca más alta que le diera mayor velocidad, Alfredo no dejaba de recordar la advertencia paterna. Sabía que si lo hacía estaría desobedeciendo a su papá, pero quizás no se enterará ya que se había quedado en el establo acomodando lo que faltaba. Los gritos de los jóvenes fueron aumentando de volumen, y al mismo tiempo parecía que la voz de su padre perdía fuerza. Después de todo, pensó Alfredo, quiero que mis amigos lo pasen bien.

Proverbios 13:20

“El que anda con sabios sabio será; ms el que anda con necios será quebrantado.”

Le llevo varios minutos tomar la decisión, pero apenas una fracción de segundo llevarla a cabo. En vez de cambiar la marcha, decidió guiar hacia una pendiente para que le diera más velocidad. Los chicos gritaban entusiasmados cuando el tractor se desvió de rumbo y empezaron a descender por la ladera. Alfredo tomó con fuerza el volante; no estaba acostumbrado al peso del acoplado cargado, que amenazaba con empujarlo fuera del camino hacia una profunda barranca.

Alfredo desaceleró y apretó los frenos, pero el peso que llevaba atrás los empujaba con fuerza. Se sintió presa del pánico cuando vio que el tractor escapaba de su control. Los jóvenes vieron lo que estaba sucediendo y empezaron a saltar fuera del vehículo dejándolo solo. Cuando saltó el ultimo muchacho, Alfredo quedó a merced de la maquina enfurecida. El tractor se salió del camino, golpeó contra el terraplén, volcó y aplastó a Alfredo bajo su enorme peso. Las ruedas gigantescas todavía giraban en el aire cuando el papá de Alfredo llegó aterrorizado y sin aliento. Había empezado a correr desde el momento en que vio a su hijo apuntar hacia la ladera, porque sabía que solo un conductor experimentado podría maniobrar con seguridad por esa pendiente. Ahora veía cumplirse sus temores, al presenciar como la de su hijo vida escapaba.

Tomo a Alfredo y tiró de el con todas sus fuerzas, pero el peso de la gigantesca maquina o aplastaba sin misericordia. Era evidente que no había escapatoria.

- Si tan solo me hubieras escuchado, hijo –eran las únicas palabras que podía pronunciar–.

- ¿Por qué no escuchaste lo que te dije? ¡Por qué no escuchaste! –lloraba, mientras sostenía a su hijo en los brazos, y se hacía realidad ante sus ojos la peor pesadilla de un padre.

Esta es una historia trágica por varias razones. Primero, porque se perdió una vida preciosa y toda una familia sufre un inmenso dolor.

Y Segundo, porque fue un hecho absurdo, una decisión instantánea que derivó en un horrible y trágico accidente. Alfredo ignoro el sabio consejo de su padre y pago un alto precio por eso.

La historia que relato ilustra un aspecto importante de la vida cristiana: cuando prestamos atención a la sabiduría de Dios y la obedecemos, recibimos bendición. Por el contrario, ignorar la sabiduría de Dios trae consecuencias dolorosas a nuestra vida y a la de aquellos que nos rodean. Mi llamado es para aquellos que deciden desde ahora en adelante actuar sabiamente. Mi llamado es para quien decida ser sabio, así como Dios es Sabio.

La sabiduría de Dios actúa como una barrera de contención que impide que nos desbarranquemos por la cuesta de nuestros necios deseos.

Si tienes proyectos importantes, empresas que traerán un cambio a tu familia, tu vida y tu futuro, el Señor te dice: "Te llenare con Espíritu de Sabiduría, de inteligencia, de ciencia, de arte. Yo te daré esa capacidad".

Para ese fin necesitamos la capacitación, el conocimiento, la afirmación, transformación, fructificación y la rectitud sobrenatural de Dios. Reclámelo: "Señor esta palabra la agarro. Esta misma palabra que le diste a esta persona hace miles de años atrás la hago mía hoy porque yo la necesitaba en mi vida también en el Nombre de Jesús."

Póngase de pie y camina derechito a la plataforma porque Dios te está llamando a aceptarle. Dios te está llamando a que le entregues tu mente para llenarla con su sabiduría. Hoy esa operación en el celebro él es el único cirujano que la puede hacer. No esperes más a su invitación de amor. Quien es la persona valiente que dice Amen. Dios está llamando a que pase aquí primeramente a los estudiantes de su palabra, a los estudiantes de cualquier materia también. Dios llama ahora mismo al anciano, al joven, al niño. ¿Necesitas la sabiduría de Dios? Necesitas ser capacitado, necesitamos el conocimiento, necesitas la afirmación Espiritual, necesitas la transformación del carácter, el potencial de fructificación de esta semilla al derramar la lluvia del Espíritu de Dios y caminar en rectitud desde este nuevo año que nos ha regalado el Señor Dios Todo Poderoso.

Oración

Padre celestial, tú sabes que fui llamado según tus propósitos. Fui ungido y seleccionado por ti. Tienes mi nombre escrito en el libro de la vida. Por favor para este año corta toda raíz de maldición que proviene de mi pasado y que hasta hoy me ha detenido.

Sé que tus planes para mi vida en este año son" sí y amen". Espíritu Santo, Consolador, quiero conocerte más, deseo que tu presencia sea real en mi vida. Muévete en mí, ya no quiero volver atrás. Transfórmame. Que ríos de agua viva corran en mi interior. La Biblia dice: "pide y se te dará". Señor; lléname con tu sabiduría, con tu arte, con tu ciencia, con tu poder. ¡Espíritu de Dios, múdame en otro hombre!" José Del Valle te lo pide en el nombre de Jesús. Amen y amen.

EL DÍA DE EXPIACIÓN Y LA DIETA EN

El Tiempo Del Fin

¿LEVÍTICOS 11 o GÉNESIS 1: 29?

I. PARALELOS DE LA DIETA EN EL EDEN Y LA DIETA DESPUES DEL DILUVIO

DIETA POR EL CREADOR, PARA SUS HIJOS	DIETA DEL EDÉN ANTES DE PECAR	DIETA 2 DEL EDÉN DESPUÉS DE PECAR	DIETA 3 TEMPORAL DESPUÉS DEL DILUVIO	DIETA 4 DEL DÍA REAL DE EXPIACIÓN
ESTILO DE VIDA Y DIETA DEL PUEBLO	DESDE LA CREACIÓN HASTA EL PECADO DE ADÁN Y EVA	FUERA DEL EDÉN HASTA EL DILUVIO	DILUVIO HASTA IGLESIA FILADELFIA	DESDE LAODICEA HASTA FIN DEL DÍA DE EXPIACIÓN REAL.
TEXTOS CLAVES	Gn. 1:29;	Gn. 3:21; 4:5;	Gn. 9:3-4, Lev. 11; Nm. 29:7	Dan. 8:14; 7:13; He 8:2, Mr. 2:20
EL SACRIFICIO	NO HAY PECADO NO HAY SACRIFICIO	Solo cuando pecan <u>entra el sacrificio</u> del cordero	Dios establece el día simbólico de la expiación 10 del 7° mes.	El día de expiación real, 22 oct. de 1844 al FIN.
DIETA ESCOGIDA POR DIOS	EN EL EDÉN Toda planta que da semilla (granos, cereales y leguminosa) Y todo árbol que de fruto (frutas)	FUERA DEL EDEN: Granos, leguminosas cereales, frutas, yerbas	DILUVIO A FILADELFIA Yerbas, Granos, leguminosas cereales, frutas, carne de animales "limpios" sin sangre ni grasa.	HOY (VOLVER A LA DIETA DEL EDÉN) Granos, leguminosas, cereales, frutas, yerbas terapéuticas.

Hoy, en el auténtico día de la expiación, EN EL ÚLTIMO LLAMADO, EL MENSAJE DE LOS TRES ÁNGELES ACOMPAÑADO DE LA REFORMA PROSALUD requiere la unidad del pueblo de Dios y el verdadero ayuno tanto de ministros como de miembros.

EL CONSUMO O NO DE LA CARNE, no es condición para la admisión en la Iglesia, pero si es violación de la ley moral y de la ley natural. El Señor dijo *"No matarás" (Ex. 20:13, Mt. 5:21-26*) y es condición para recibir la lluvia tardía: *"Digo pues: Andad en el Espíritu, y no satisfagáis los deseos de la carne." "O ignoráis que vuestro cuerpo es templo del Espíritu Santo, el cual está en vosotros, el cual tenéis de Dios, ¿y que no sois vuestros?" (Gál 5:16; I Cor. 6:19; 8:13) "Por lo cual, si la comida le es a mi hermano ocasión de caer, no comeré carne jamás". (Gál 5:16; I cor. 6:19; 8:13)* Ya no estamos bajo los estatutos sobre la carne de levíticos 11 sino de regreso a la dieta original *(Gn. 1:29)* en *"El Día de la Expiación Real", hoy. (Dan 8:14) "Por tanto, teniendo un gran sumo sacerdote que traspasó los cielos, Jesús el Hijo de Dios, retengamos nuestra profesión". (He. 4:14;* JESÚS PROFETIZÓ PARA EL DÍA DE LA EXPIACIÓN: *"... ENTONCES AYUNARÁN" Mar. 2:20)*

Igualmente, como sucedió a los 120 en el aposento alto, sucederá para los fieles del Señor en su Iglesia: Recibirán la Lluvia tardía solo los obedientes. Refiriéndose a la lluvia Temprana en la Iglesia, los discípulos dan testimonio de *"El Espíritu Santo, el cual ha dado Dios a los que le obedecen". Hech. 5:32.*

A. ¿Dios Grabó La Ley Natural En Cada Átomo, Molécula, Célula, Órgano, Sistema Y Ser?

"Las obras de sus manos son fieles y justas, confiables son todos sus Mandamientos, permanecen firmes eternamente y para siempre, hechos en verdad y en rectitud." (Sal. 111:7-8)

"Porque tú formaste mis entrañas, me cubriste desde antes de nacer. Te alabo, porque de modo formidable

y maravilloso fui hecho. Maravillosas son tus obras. Lo sé muy bien.

No fueron encubiertos de ti mis huesos, aun cuando en oculto fui formado, tejido en lo más profundo de la tierra.

Tus ojos velan mi embrión, todo eso estaba escrito en tu libro, habías señalado los días de mi vida, cuando aún no existía ninguno de ellos.

¡Cuán preciosos me son, oh Dios, tus pensamientos! ¡Cuán grande es la suma de ellos!" (Sal. 139:13-17)

"—Así dice el Eterno, tu Creador, el que te formó desde el seno, el que te ayudará—: No temas, siervo mío Jacob, tú, Jesurún, a quien yo elegí". (Is. 44:2)

JUSTICIA PARA PERDÓN Y JUSTICIA PARA SANTIFICACIÓN. "La justicia exterior da testimonio de la justicia interior. El que es justo por dentro, no muestra corazón duro ni falta de simpatía, sino que día tras día crece a la imagen de Cristo y progresa de fuerza en fuerza. Aquel a quien la verdad santifica, tendrá dominio de sí mismo y seguirá en las pisadas de Cristo hasta que la gracia dé lugar a la gloria. La justicia por la cual somos justificados es imputada; la justicia por la cual somos santificados es impartida. La primera es nuestro derecho al cielo; la segunda, nuestra idoneidad para el cielo." (Review and Herald, junio 4, 1895). (MJ. p. 33)

"Pero los eternos portales se abrirán de par en par ante el toque tembloroso de un niñito. Bendita será la recompensa de gracia concedida a los que trabajaron por Dios con simplicidad de fe y amor." (PVGM. p. 335)

"Nuestros cuerpos le pertenecen porque él los creó, y tenemos el deber de conocer inteligentemente los mejores medios de preservarlos contra el deterioro. Si debilitamos el cuerpo por la complacencia del apetito y por ataviarlo con vestidos perjudiciales para la salud, a fin de estar en armonía con el mundo, nos convertimos en enemigos de Dios..."

"Dios requiere que actuemos conforme a la gracia que ha derramado sobre nosotros. Para cumplir nuestras responsabilidades, debemos situarnos en la elevada posición que se logra con el cumplimiento de las santas verdades". (Review and Herald, 18-5-1886). (AFC. Domingo 7 de noviembre p. 320)

"LA VIOLACIÓN DE LA LEY FÍSICA ES TRANSGRESIÓN DE LA LEY MORAL; porque Dios es tan ciertamente el autor de las leyes físicas como lo es de la

ley moral. Su ley está escrita con su propio dedo sobre cada nervio, cada músculo y cada facultad que ha sido confiada al hombre. Y todo abuso que cometamos de cualquier parte de nuestro organismo es una violación de dicha ley.

Todos debieran poseer un conocimiento inteligente del organismo humano, para poder conservar sus cuerpos en la condición necesaria para hacer la obra del Señor. La vida física ha de ser cuidadosamente preservada y desarrollada, a fin de que a través de la humanidad pueda ser revelada la naturaleza divina en toda su plenitud. La relación del organismo físico con la vida espiritual es uno de los ramos más importantes de la educación. Debiera recibir una atención cuidadosa en el hogar y en la escuela. Todos necesitan llegar a familiarizarse con su estructura física y las leyes que gobiernan la vida natural. El que permanece en la ignorancia voluntaria respecto de las leyes de su ser físico, y viola dichas leyes por desconocerlas, está pecando contra Dios. Todos deben mantener la mejor relación posible con la vida y la salud. Nuestros hábitos deben colocarse bajo el control de una mente gobernada por Dios.

"¿Ignoráis -dice el apóstol Pablo- que vuestro cuerpo es templo del Espíritu Santo, el cual está en vosotros, el cual tenéis de Dios, y que no sois vuestros? Porque comprados sois por precio; glorificad pues a Dios en vuestro cuerpo y en vuestro espíritu, los cuales son de Dios". (PVGM p. 283)

"EL PECADO ES INFRACCIÓN DE LA LEY." 1 JUAN 3: 4.

LA DOCTRINA DE LA FE SOLA Y LA GRACIA BARATA *"El deseo de llevar una religión fácil, que no exija luchas, ni desprendimiento, ni ruptura con las locuras del mundo, ha hecho popular la doctrina de la fe, y de la fe sola; pero ¿qué dice la Palabra de Dios? El apóstol Santiago escribe: "Hermanos míos, ¿de qué aprovechará si alguno dice que tiene fe, y no tiene obras? ¿Podrá la fe salvarle?... ¿Mas quieres saber, hombre vano, que la fe sin obras es muerta? ¿No fue justificado por las obras Abraham nuestro padre, cuando ofreció a su hijo Isaac sobre el altar? ¿No ves que la fe actuó juntamente con sus obras, y que la fe se perfeccionó por las obras? ...Veis, pues, que el hombre es justificado por las obras, y no solamente por la fe" (Snt. 2: 14-24).*

"El testimonio de la Palabra de Dios se opone a esta doctrina seductora de la fe sin obras. No es fe pretender, el favor del cielo sin cumplir las condiciones necesarias para que la gracia sea concedida. Es presunción, pues la fe verdadera se funda en las promesas y disposiciones de las Sagradas Escrituras...

"Un pecado cometido deliberadamente acalla la voz atestiguadora del Espíritu y separa al alma de Dios. "El pecado es infracción de la ley". Y "todo aquel que peca [o sea, infringe la ley], no le ha visto, ni le ha conocido" (1 Jn 3:6). Aunque San Juan habla mucho del amor en sus epístolas, no vacila en poner de manifiesto el verdadero carácter de esa clase de personas que pretenden ser santificadas y seguir transgrediendo la ley de Dios. "El que dice: Yo le conozco, y no guarda sus mandamientos, el tal es mentiroso, y la verdad no está en él; pero el que guarda su palabra, en éste verdaderamente el amor de Dios se ha perfeccionado" (1 Jn 2:4-5). Esta es la piedra de toque de toda profesión de fe...

"Y la aserción de estar sin pecado constituye de por sí una prueba de que el que tal asevera dista mucho de ser santo. Es porque no tiene un verdadero concepto de lo que es

la pureza y santidad infinita de Dios, ni de lo que deben ser los que han de armonizar con su carácter; es porque no tiene un verdadero concepto de la pureza y perfección supremas de Jesús ni de la maldad y el horror del pecado, por lo que el hombre puede creerse santo.

Fue la justicia revelada en su vida [de Cristo] lo que lo diferenció del mundo y provocó su odio. (DNC. p. 318)

B. La Obediencia A La Ley Natural, Escrita Con El Dedo De Dios Es Santidad?

"El Creador del hombre ha dispuesto la maquinaria viviente de nuestro cuerpo. Toda función ha sido hecha maravillosa y sabiamente. Y Dios se ha comprometido a conservar esta maquinaria humana marchando en forma saludable, si el agente humano quiere obedecer las leyes de Dios y cooperar con él. Toda ley que gobierna la maquinaria humana ha de ser considerada tan divina en su origen, en su carácter y en su importancia como la Palabra de Dios. Toda acción descuidada y desatenta, todo abuso cometido con el maravilloso mecanismo del Señor, al desatender las leyes específicas que rigen la habitación humana, es una violación de la ley de Dios. Podemos contemplar y admirar la obra de Dios en el mundo natural, pero la habitación humana es la más admirable."

"[El pecado de seguir una conducta que gaste innecesariamente la vitalidad u oscurezca el cerebro -CRA Párrafo 8 pág. 194]"

LA LEY NATURAL

Vrs.

LA LEY MORAL

"Dios es tan ciertamente el autor de las leyes físicas como lo es de la ley moral. Su ley está Escrita con su propio dedo sobre cada nervio, cada músculo y cada facultad que ha sido confiada al hombre." (CRA 7. p. 17)

CRA 9 "Es tan ciertamente un pecado violar las leyes de nuestro ser como lo es quebrantar las leyes de los Diez Mandamientos. Hacer cualquiera de ambas cosas es quebrantar los principios de Dios. Los que transgreden la ley de Dios en su organismo físico, tendrán la inclinación a violar la ley de Dios pronunciada desde el Sinaí." (CRA. p.18)*

LA FELICIDAD MAS PURA ES EL RESULTADO DEL EQUILIBRIO.

CRA. 51. "La excesiva complacencia en el comer, beber y dormir, así como en las cosas que se miran, es pecado. La acción armoniosa y saludable de todas las facultades del cuerpo y de la mente resulta en felicidad; y cuanto más elevadas y refinadas las facultades, más pura la felicidad." [Dios señala el pecado de la complacencia - 246]

EL PECADO DEL APETITO. "Una transgresión constante de las leyes de la naturaleza es una transgresión constante de la ley de Dios. El peso actual del sufrimiento y la angustia que vemos por doquiera, la actual deformidad, decrepitud, enfermedad e imbecilidad que hoy en día inundan el mundo, en comparación de lo que podría ser y de lo que Dios se propuso que fuera, hacen de este mundo un leprosorio; y la actual generación es débil en potencia mental, moral y física. Toda esta miseria se ha acumulado de generación en generación debido a que los hombres caídos quieren violar la ley de Dios. Pecados de la mayor magnitud se cometen por medio de la complacencia del apetito pervertido." CRA *párrafo 50.*

"¿La ley es pecado? En ninguna manera. Pero yo no conocí el pecado sino por la ley". Ro. 7:7.

"Cuánto amo yo tu Ley!

Todo el día es mi meditación.

Tus Mandamientos me han hecho

más sabio que mis enemigos,

siempre me acompañan". (Sal. 119:97,98)

EL TESTIMONIO DE LOS HIJOS DE DIOS BAJO PERSECUCIÓN RESPECTO A LA LEY MORAL UNIDA A LA LEY NATURAL

"Este es el testimonio que dan: "No nos atrevemos a alterar la Palabra de Dios dividiendo su santa ley, llamando parte de ella esencial y parte de ella no esencial, para obtener el favor del mundo". CS 669

PERSEGUIDOS POR EXALTAR EL EQUILIBRIO. "En sus diferentes formas, la persecución es el desarrollo de un principio que ha de subsistir mientras Satanás exista y el cristianismo conserve su poder vital. Un hombre no puede servir a Dios sin despertar contra sí la oposición de los ejércitos de las tinieblas." (CRA p. 49) "La lucha se encona más y más, pero la fe y el valor de ellos aumentan con el peligro. Este es el testimonio que dan: "No nos atrevemos a alterar la Palabra de Dios dividiendo su santa ley, llamando parte de ella esencial y parte de ella no esencial, para obtener el favor del mundo. El Señor a quien servimos puede librarnos. Cristo venció los poderes del mundo; ¿y nos atemorizaría un mundo ya vencido?" (CS p. 669)

EL ESPÍRITU SANTO GRABA EN EL HOMBRE EL CARÁCTER DE JESÚS. "Los que permitan que Dios obre en ellos, crecerán hasta la estatura plena de hombres y mujeres en Cristo Jesús. Cada facultad de su mente y cuerpo se usará en el servicio de Dios... Él tiene maravillosas bendiciones que dar a los que lo reciban. Es poderoso en fortaleza y admirable en consejo. Por la ministración del Espíritu Santo, habla para imprimir su imagen en nuestro carácter... El poder de Cristo santificará cada parte del ser, difundiendo vida, actividad y salud a todo el ser y produciendo eficiencia espiritual (Youth's Instructor 11-11-1897). (AFC p. 109)

HERMANOS
LA REFORMA PRO SALUD ES ESENCIAL

"Una parte importante de la labor del ADVENTISTA es presentar fielmente al pueblo la reforma prosalud y su conexión con el mensaje del tercer ángel, como una parte esencial de la misma obra" (T. I 469,4670)

LEYES NATURALES PARA EL TEMPLO DEL ESPÍRITU

SANTO. "El templo de Dios será santo. Vuestro cuerpo, dice el apóstol, es el templo del Espíritu Santo. Dios no exige que sus hijos se nieguen a sí mismos para perjuicio de su fortaleza física. Él les pide que obedezcan las leyes naturales, a fin de preservar su salud física. (CRA 248 p. 190)*

"La misericordia y la verdad se encontraron;

la justicia y la paz se besaron." (Sal. 85: 10).

"A muchos de los afligidos que recibieron sanidad, Cristo dijo: "No peques más, para que no te venga alguna cosa peor" (Juan 5:14). Así enseñó que la enfermedad es el resultado de violar las leyes de Dios, tanto las naturales como las espirituales. La gran miseria que hay en el mundo no existiría si los hombres hubiesen vivido desde el principio en armonía con el plan del Creador. Hay condiciones que deben ser observadas por los que quieren conservar la salud. Todos deben aprender cuáles son. Al Señor no le agrada la ignorancia respecto a sus leyes, sean naturales o espirituales. Hemos de ser colaboradores con Dios para la devolución de la salud al cuerpo tanto como al alma." (CM p. 453)

MUCHOS MEDIO CONVERTIDOS SE SEPARARÁN DEL PUEBLO DE DIOS. Deben verse mayores reformas entre NUESTROS HERMANOS que pretenden estar esperando la pronta venida de Cristo... Muchos que están hoy solamente medio convertidos con respecto al consumo de carne abandonarán el pueblo de Dios para no andar más con él.

En todas nuestras obras debemos obedecer las leyes que Dios ha dado, para que las energías físicas y espirituales puedan obrar armoniosamente. Los hombres pueden tener una forma de piedad, pueden aun predicar el Evangelio, y sin embargo no estar purificados ni santificados. LOS MINISTROS deben ser estrictamente temperantes en su comer y beber, no sea que hagan sendas torcidas para sus pies, desviando al cojo los que son débiles en la fe del camino. Si mientras proclaman el más solemne e importante mensaje que Dios jamás haya dado, los hombres combaten la verdad complaciendo hábitos incorrectos de comer y beber, quitan toda la fuerza del mensaje que llevan.

Los que se complacen en comer carne, en tomar té y en la glotonería, están sembrando semillas cuya cosecha será dolor y muerte. (CSRA párrafo 655, pág. 457)

Las leyes naturales están en el mismo orden que la ley moral de los diez mandamientos, no son "Estatutos y Decretos circunstanciales y temporales", son leyes Eternas escritas con el dedo de Dios en cada célula, nervio y sistema en la creación del templo del Espíritu Santo: Nuestros cuerpos. ¿Entonces, la salud física y social es tan importante como la salud intelectual y espiritual? ¿La iglesia del Señor no es espiritualista, contemplativa y filosófica que exalta la fe y la gracia, dejando a sus hijos luchar solos en la ley natural y las obras? Es un pueblo equilibrado, que Acompaña la fe y la gracia con la obediencia a la ley natural grabada por el Creador en cada nervio y cada músculo del hombre, practicando y enseñando la salud y la obediencia a ley moral (Los 10 Mandamientos) grabados en el "corazón" (La mente del hombre) por el amor de Cristo.

"Vosotros también, como piedras vivas, estáis siendo edificados en una casa espiritual, en un sacerdocio santo." (1 P. 2:5) ¡Señor que las piedras vivas sean atendidas! Amén.

C. La Promesa De La Lluvia Tardía Con El Evangelio De La Salud?

"La promesa segura es que él dirigirá vuestras sendas. El posee recursos infinitos. El Santo de Israel, quien llama por su nombre a las huestes del cielo, y mantiene las estrellas en su lugar, os cuida individualmente. . . Quisiera que todos pudiesen comprender las posibilidades y las probabilidades que están al alcance de los que esperan que su eficacia venga de Cristo y los que afirman en él su confianza. La vida que se oculta con Cristo en Dios siempre tiene un refugio; puede decir: "Todo lo puedo en Cristo que me fortalece" (Fil. 4: 13)." EGW. Letter 45, 1893.Carta 45, 1893.

ABUNDANTE PROSPERIDAD FRENTE A LA INDIFERENCIA

"Han dejado de dar al asunto de la reforma pro salud la debida atención... En tanto. El Señor ha manifestado su consideración por ella dándole abundante prosperidad."

(CRA párrafo 99 p. 86)

"Cuando se la dirige en forma debida, la obra en pro de la salud es una cuña de entrada, que abre camino para otras verdades a fin de alcanzar el corazón. Cuando el mensaje del tercer ángel es recibido en su plenitud, la reforma pro salud

recibirá su lugar en los consejos de la asociación, en la obra de la iglesia, en el hogar, en la mesa, y en todos los arreglos de la casa. Entonces el brazo derecho servirá y protegerá el cuerpo." (CRA 99 p. 87)

¿Queremos tener el carácter de Cristo? ¿Anhelamos ser investidos del poder especial de la lluvia tardía como iglesia? entonces, debemos aceptarlo como nuestro único y suficiente salvador personal colocando nuestro estilo de vida conforme a su voluntad, obedeciendo sus mandamientos morales y naturales.

RESURRECCIÓN ESPECIAL

Texto Bíblico: Daniel 12:1-3

I. La Resurrección especial. Según Daniel 12:1-2

a. ¿De qué resurrección habla Daniel?

No hablamos de las dos resurrecciones generales, mencionadas por Juan 5:28,29.

La primera resurrección genera ocurrirá Según y tiene lugar al principio del milenio. (Apocalipsis 20:6)

a segunda resurrección general ocurrirá Según Apocalipsis 20:5 después del milenio.

Esta resurrección de la que habla Daniel el conflicto de los siglos la coloca en el Capítulo 19

a. Síguele un gran terremoto," "cual no fue jamás desde que los hombres han estado sobre la tierra "El firmamento parece abrirse y cerrarse. La gloria del trono de Dios parece cruzar la atmósfera. Los montes son movidos como una caña al soplo del viento, y las rocas quebrantadas se aparecen por todos lados... Toda la tierra se alborota e hincha como las olas del mar. Su superficie se raja. Su superficie se raja. Sus mismos fundamentos parecen ceder. Se hunden cordilleras. Desaparecen islas habitadas. Los puertos marítimos que se volvieron como Sodoma por su corrupción, son tragados por las enfurecidas olas... Granizo grande, cada uno "como del peso de un talento"(vers. 21), hace su obra de destrucción. Los sepulcros se abren, y "muchos de los que duermen en el polvo de la tierra serán despertados, unos para vida eterna, y otros para vergüenza y confusión perpetua"

b. Eud 276, Nos anunció el día y la hora de la venida de Jesús.

c. Ocurre durante la séptima plaga mencionada en Apocalipsis16:17

d. Esta resurrección en diferente a las otras dos, especial. Y esto ocurre momentos antes de la venida de Cristo.

B. ¿Quién es Miguel?

1. Daniel 12:1 dice "el gran Príncipe que está de parte de los hijos de tu pueblo", es decir del pueblo de Daniel, y pueblo de Dios.

2. En Judas 1:9 Podemos ver como se le llama el Arcángel Miguel.

3. Apocalipsis 12:7 Dice que Miguel y sus ángeles combatieron y vencieron a Satanás y sus ángeles.

4. 1 Tesalonicenses 12:7 Hace mención de que ese Miguel que desenreda con voz de arcángel.

5. En fin, este Miguel del que habla Daniel es Cristo en toda su gloria.

6. Miguel en estos momentos está intercediendo

por su pueblo, pero justamente cuando se termine el juicio investigador se levantará y dejara de hacer lo que estaba haciendo.

c. Mucho será resucitados.

1. No todos, pero no se sabe cuántos.

2. Los muertos, pero no todos los muertos.

3.Serán resucitados. Es un grupo en especial. Y especifico.

d. ¿Qué dos tipos de personas serán resucitados?

1.Unos para vida eterna.

a. Todos los que han muero en la fe del mensaje del tercer ángel, salen glorificados de la tumba para oír la alianza de paz de Dios con los que han guardado su ley. Eventos de los últimos días capítulo 19.

i. Estos fieles predicaron los mensajes de los tres ángeles y los fieles que recibieron su mensaje, son descritos así: "Aquí está la paciencia de los santos los que guardan los Mandamientos de Dios y la fe de Jesús"

ii. Apocalipsis 14:13 "Bienaventurados de aquí en adelante los muertos que mueren en el Señor, Si dice el Espíritu descansaran de sus trabajos porque sus obras con ellos siguen".

b. PE, 285:1 "Sobrevino un tremendo terremoto. Abrieron se los sepulcros y los que habían muertos teniendo fe en el mensaje del tercer ángel y guardando el sábado, se levantaron glorificando, de sus polvorientos lechos, para escuchar el pacto de paz que Dios iba a hacer con quienes habían observado su ley."

2.Los que resucitaran para "vergüenza y confusión perpetua"

a. Apocalipsis 1:7 He aquí que viene con las nubes, y todo ojo le verá, y los que le traspasaron; y todos los linajes de la tierra harán lamentación por él. Sí, amén.

i.Mateo 26:63-65

ii.EUD. 276:0 – "Los que se mofaron y se rieron de la agonía de Cristo y los enemigos más

5

acérrimos de su verdad y de su pueblo, son resucitados para mirarle en su gloria para ver el honor con que serán recompensados los fieles y obedientes."

III. Conclusión.

1. Recapitulación.

a. Pudimos estudiar que Daniel 12:1 y 2 nos habla de una resurrección diferente y especial. Resucitaran un grupo de personas no todos. Que ese Miguel del que habla Daniel es el mismo Jesús. Que resucitaran dos tipos de personas, algunos para vida eterna que guardan la ley de Dios y otros para vergüenza estos son un grupo de personas en específicos como Caifás.

b. Nosotros podemos ser de los que estemos vivos para ver estos acontecimientos suceder, esto nos ayudara a nosotros los fieles a aumentar y fortalecer nuestra fe.

c. Llamado

d. Oración final

EL MILENIO

Texto Bíblico: Apocalipsis 20:3

- Milenio
- Arrojar
- Atar

INTRODUCCION

El milenio es una palabra griega utilizada en apocalipsis 20 χίλια έτε (kji-li-a e-te) = mil años del original griego.

¿Que enseña la biblia sobre el milenio?

Palabra derivada del latín que usamos para referirnos al reino de mil años de Cristo con sus santos en el cielo y se extiende entres la primera y segunda resurrección. Durante este tiempo serán juzgado los impíos, la tierra estará completamente desolada, desprovista de vida humana, pero si ocupada por Satanás y sus ángeles. Al terminar este periodo Cristo, sus santos y la Santa Ciudad descenderán del cielo a la tierra, los impíos muertos resucitarán entonces y junto con Satanás y sus ángeles rodearan la ciudad, pero el fuego de Dios los consumirá y purificara la Tierra. De ese modo el universo será librado del pecado y de los pecadores para siempre, según Apocalipsis 20:1, 1Cor. 6:2-3; Jer. 4:23-26;

Apoc 21:1-5; Mal 4:1; Eze 28:18-19. Esto constituye la creencia fundamental número 27 de la Iglesia Adventista del Séptimo.

DESARROLLO Apocalipsis 20:3

Arrojar (arrojo) – έβαλέν

Cerrar (encerró) – έκλεισεν

Suelto, persiguiendo la iglesia. No está amarrado. Satanás ha estado tratando de destruir al pueblo de Dios, pero el hará justicia. Al comienzo del milenio Cristo regresa en ocasión de su segunda venida: los justos se levantan cuando ocurre la primera resurrección, todo lo pecaminoso- seres humanos e instituciones- son destruidos, Satanás es encadenado. Miguel, quien es Cristo, encierra a Satanás, lo ata y lo arroja al abismo, que no es otra cosa, que la Tierra, donde no podrá ejercer influencia maléfica. Por la condición caótica la Tierra se encuentra desordenada y vacía como al principio sin seres humanos a quien Satanás tiente. Por eso se dice que está encadenado.

Ahora entendemos lo que quiere decir el pasaje cuando habla que el dragón es encerrado, atado por mil años aquí en la tierra. Porque Satanás trabaja con la gente y más bien está encadenado por la circunstancia y no puede hacer nada porque los justos están en el cielo, los impíos están muertos y Satanás queda atado por las circunstancias, pero dice la Biblia claramente que después de los mil años los impíos van a ser levantados. Dice el texto que los demás muertos en el verso 5 no volvieron a la vida hasta que se cumplieron los 1,000 años y ahora entendemos el verso 7 “Cuando los mil años se cumplan,

Satanás será suelto de su prisión". "Saldrá a engañar a las naciones que están a los 4 extremos de la tierra, a Gog y a Magog, a fin de reunirlos para la batalla; el número de los cuales es como la arena del mar" v.8. La batalla de Gog y a Magog esta reseñada en el libro de Ezequiel en los capítulos 38 en adelante. Habla de una Gran Batalla que el pueblo de Israel posiblemente si hubiera sido fiel a Dios iba a defenderlos. Es interesante que Juan toma ese capítulo para ejemplificar lo que Dios va a hacer con los enemigos y nos trae ese asunto de Gog y Magog. Cuando usted estudia Gog y Magog se da cuenta que lo que pasa en Apocalipsis 20 es exactamente lo que había sido dicho por el profeta Ezequiel en su libro. Los santos reinan con Cristo y reciben la facultad de juzgar, verificar y confirmar de esta manera el carácter justo de Dios. Se entenderá la razón por la cual una persona que había sido inscrita en el libro de la vida no llego a formar parte de los que reinan con Cristo. En los libros del cielo están nuestros actos de bondad, momentos de dolor y las acciones. Al fin de los mil años Satanás es suelto y conduce a los malvados para rodear la ciudad amada y es destruido por que los impíos resucitan nuevamente y hacen un ejército tan numeroso como la arena del mar, le sigue el juicio final y la postrera muerte al descender fuego del cielo consumiéndolos. Son lanzados vivos la bestia, el falso profeta y el dragón. Así se cumple 1 Corintios 15: 26,55: El postrer enemigo que será destruido es la muerte. Sorbida es la muerte en victoria. ¿Dónde está, oh, muerte tu aguijón, dónde oh sepulcro tu victoria? La muerte y el Hades son destruidos por la eternidad, la Santa Ciudad desciende y la Tierra es renovada.

CONCLUSION

En documentos extra bíblicos estas expresiones que sacamos del texto griego se utilizaban para afirmar que el demonio había sido derrotado.

Lo que pone en manifiesto los tres verbos utilizados en Apocalipsis capítulo 20 los versos 1, 2 y 3 es que a Satanás se le ha quitado su poder.

Agradecemos a Dios por la promesa que nos hace de vivir 1000 años a su lado y declarar ante los ángeles y los mundos no caídos en el pecado que Dios es juez justo y no hay porque desconfiar ya que es por su amor y misericordia hacia nosotros exterminar el sufrimiento. Gracias a Dios por Jesús. Será emocionante disfrutar estas vacaciones. Dios nos reserva la vacación de mil años en el cielo para compartir con el Señor. El milenio hará posible que los redimidos de todas las edades, razas y naciones se conozcan y familiaricen unos con otros. De esa manera nos iremos acostumbrando a estar juntos.

לֹא טוֹב

No es bueno

Y dijo Jehová Dios: No es bueno que el hombre esté solo; le haré ayuda idónea para él" (Gén.2: 18)

Introducción

Los niños sonríen en compañía de sus padres o amigos, pero lloran cuando se encuentran solos, los adolescentes muestran malos gestos, y seden en su propia opinión por presión de grupo para no sentirse solos, los jóvenes hoy muestran un deseo intenso por tener con quien vivir una aventura de aquello que llamamos amor y es acompañado por muchas emociones que sin duda borran totalmente la sensación de sentirse solos, te has preguntado ¿por qué todo ello hace parte de la conducta, y de no ocurrirte te sientes solo? En el principio no era este el plan de Dios ni lo es hoy. En esta ocasión meditaremos en la mejor compañía que Dios ha creado para el hombre, para que no se sienta solo, y experimente gozo y paz en ella.

Cuerpo

No es bueno que el hombre este solo, expresa la lectura de hoy. Quien no está acompañado, está solo y por ende llegará a sentir un vacío en su vida, algo le hará falta, ¿Qué es? Para poder comprender esto, Dios en su sapiencia creo todo lo que existe en el mundo y dejo al hombre para el sexto día (lo último), en el informe de la creación todo "era bueno en gran manera" (Gen. 1:31). "Después de la creación de Adán, toda criatura viviente fue traída ante su presencia para recibir un nombre; vio que a cada uno se le había dado una compañera, pero entre todos ellos no había "ayuda idónea para él"" ni los animales, ni los ángeles, ni nada de lo que había sido creado era apropiado para sus necesidades. Pero no era el designio de Dios que él estuviera solo largo tiempo. Como la soledad sería perjudicial para el bienestar del hombre, Dios le iba a dar una compañera. Cabe decir que, en un momento indicado, pues "todo tiene su tiempo" (Ecl.3:1). Ese tiempo se cumplió cuando Adán reconoció que se sentía solo, que todos eran creados en grupos y eran realmente felices y algo le faltaba a él para completar su felicidad, y reflejar plenamente "la imagen de Dios" con la cual había sido creado (Gen. 1:26). La Deidad, por supuesto, está compuesta por el Padre, el Hijo y el Espíritu Santo. De este modo, Adán necesitaba alguien como él mismo con quien pudiera formar una relación de amor recíproco y cooperación mutuas, reflejando la amante relación ejemplificada dentro de la Deidad.

Dios formó el cuerpo de Eva usando una de las costillas de Adán (Gen.2:22,23). El Creador tenía una razón para incorporar una costilla de Adán en el cuerpo de Eva. Si los dos hubieran sido creados en forma completamente separada, podría indicar que eran individuos independientes. Pero, el compartir la carne de ambos indica que la intención era que fueran "una carne". Es decir que "no era bueno" que estuvieran solos y para lograr dicha unidad Dios celebró la primera boda (Gen.1:28). De manera que la institución del matrimonio tiene como autor al Creador del universo. "Honroso es en todos el matrimonio" (Heb.13:4).

Conclusión

Todo lo que se había creado era bueno durante la creación. (Gen.1:4,10, 12, 18, 21,25... "era bueno en gran manera" 31) lo único que no se halló bueno durante la creación fue que el hombre estuviera solo y esta es la razón por la cual Dios le ha hecho una ayuda idónea, la cual lo llenará de alegría. Cuando Adán vio a su esposa, expreso: "esto si es hueso de mis huesos y carne de mi carne" (Gen.2:23) fue tan grande su amor que cedió al pecado, sin interesar las consecuencias de este "la muerte" (Rom.6:23). Luego en el Nuevo Testamento encontramos que "Cristo amo a la iglesia y se dio así mismo por ella". De lo anteriormente dicho se podría llegar a dos aplicaciones como conclusión. Al ver lo que "no es bueno" en la creación, encontramos en primer lugar que no es bueno que el hombre este solo, y por ende tenga su ayuda idónea. En segundo lugar "que se sometan los unos a los otros en el temor a Cristo" (Efe.5:21). Es decir, cuando El Señor regala la ayuda idónea (su esposa) al hombre y estos se someten a cristo las personas no sienten la soledad, y llenan su vida de verdadera paz, amor y alegría.

A LA LEY Y AL TESTIMONIO

¡A la ley y al testimonio! Si no dijeren conforme a esto, es porque no les ha amanecido. {Isaías 8:20}

Siempre es muy saludable examinar la Teología del Pasaje para llegar a las conclusiones verdaderas.

La ley

En hebreo, torah, palabra que se emplea para designar toda la voluntad revelada de Dios. Este es el término que se emplea comúnmente en la Biblia para referirse a los escritos inspirados de las Escrituras, sobre todo a los de Moisés (ver com. Núm. 19: 14; Deut. 4: 44; 30: 10; 31: 9; Prov. 3: 1; t. I, pp. 40-43) Isaías aparta la atención de sus oyentes de las palabras y la sabiduría de los demonios y de los hombres para dirigirla a la sabiduría revelada de Dios.

Los testimonios

Los profetas de Dios eran sus testigos o portavoces, y el "testimonio" que daban era el mensaje divino de sabiduría y vida. En este pasaje Isaías dirige la mente de los hombres a la Palabra de Dios como norma de verdad y guía para una vida recta. Dios se ha revelado a sí mismo en su Palabra. Todo cuanto los hombres digan que no armonice con esa palabra, no tiene luz en sí mismo, "no les ha amanecido"

Según Elena G. White Satanás trata continuamente de atraer la atención hacia los hombres en lugar de atraerla hacia Dios. Hace que el pueblo considere como sus guías a los obispos, pastores y profesores de teología, en vez de estudiar las Escrituras para saber por sí mismo cuáles son sus deberes. Dirigiendo luego la inteligencia de esos mismos guías, puede entonces también encaminar las multitudes a su voluntad. – {CS 581.2}

Cuando Cristo vino a predicar palabras de vida, el vulgo le oía con gozo y muchos, hasta de entre los sacerdotes y gobernantes, creyeron en él. Pero los principales de los sacerdotes y los jefes de la nación estaban resueltos a condenar y rechazar sus enseñanzas. A pesar de salir frustrados todos sus esfuerzos para encontrar en él motivos de acusación, a pesar de que no podían dejar de sentir la influencia del poder y sabiduría divinos que acompañaban sus palabras, se encastillaron en sus prejuicios y repudiaron la evidencia más clara del carácter mesiánico de Jesús, para no verse obligados a hacerse sus discípulos. Estos opositores de Jesús eran hombres a quienes el pueblo había aprendido desde la infancia a reverenciar y ante cuya autoridad estaba acostumbrado a someterse implícitamente. "¿Cómo es posible—se preguntaban—que nuestros gobernantes y nuestros sabios escribas no crean en Jesús? ¿Sería posible que hombres tan piadosos no le aceptaran si fuese el Cristo?" Y fue la influencia de estos maestros la que indujo a la nación judía a rechazar a su Redentor. – {CS 581.3}

Pero Dios tendrá en la tierra un pueblo que

sostendrá la Biblia y la Biblia sola, como piedra de toque de todas las doctrinas y base de todas las reformas. Ni las opiniones de los sabios, ni las deducciones de la ciencia, ni los credos o decisiones de concilios tan numerosos y discordantes como lo son las iglesias que representan, ni la voz de las mayorías, nada de esto, ni en conjunto ni en parte, debe ser considerado como evidencia en favor o en contra de cualquier punto de fe religiosa. Antes de aceptar cualquier doctrina o precepto debemos cerciorarnos de si los autoriza un categórico "Así dice Jehová". – {CS 581.1}

Aplicación

Recibiréis poder: Guiados por el testimonio escrito.

"¡A la ley y al testimonio! Si no dijeron conforme a esto, es porque no les ha amanecido." (Isaías 8: 20).

El Espíritu Santo siempre conduce al creyente a la Palabra escrita y llama su atención a los grandes principios morales de la justificación. Es maravilloso tener el reconocimiento de Dios como resultado del privilegio de testificar en favor de la verdad. Antes de ascender al cielo - cuando una nube de ángeles lo recibió dejándolo fuera del alcance de la mirada de sus discípulos, Jesús les dijo- "Recibiréis poder, cuando haya venido sobre vosotros el Espíritu Santo, y me seréis testigos en Jerusalén, en toda Judea, en Samaria, y hasta lo último de la tierra" "(Hechos 1: 8). Gracias a la recepción del Espíritu Santo fueron calificados para testificar por Cristo.

"Quisiera impresionarlos con esta realidad. Los que tienen a Cristo por fe en el corazón, en verdad poseen el Espíritu Santo. Cada persona que recibe a Jesús como su Salvador personal, con certeza acoge también al Espíritu

Santo, que para el creyente es consejero, santificador, guía y testigo. Cuanto más cerca de Dios camine el discípulo, más efectivo será como testigo y más poderosa la influencia que ejercerá sobre otros su testimonio acerca del amor del Salvador. Dicha relación le ayudará a transmitir las evidencias del galardón de la Palabra de Dios. Esta es la carne y la bebida que satisface la sed del creyente. Se siente recompensado al descubrir en la Biblia la voluntad de Dios."

"Algunas personas que dicen ser creyentes se han apartado de la Palabra de Dios dándole las espaldas, y, además de ser descuidados con la Biblia, que es una guía maravillosa e instrumento que prueba todas las ideas, sostienen el sofisma de Satanás al asegurar que el Espíritu les enseña, y que por lo tanto es innecesario destinar tiempo a escudriñar las Escrituras. El Espíritu y la Palabra concuerdan. Dice la Biblia: "¡A la ley y al testimonio! Si no dijeren conforme a esto, es porque no les ha amanecido" (Isa. 8: 20). El ser humano llega a ser libre únicamente cuando el Espíritu lo liberta. - Manuscript Releases, t. 14, pp. 70, 71

Conclusión

Las palabras ley y testimonio resaltadas a través de este sermón demuestran el carácter perfecto de Dios al establecer una ley para que su pueblo no se desviara del mandato divino. Pero, esta ley vino acompañada del testimonio de los profetas quienes eran testigos del carácter de Dios de modo que las personas pudieran reconocer de forma certera que era Dios el que les hablaba y dirigía. Vemos como Dios no dejó su pueblo sin instrucción (תּוֹרָה) para que tuviera oportunidad de discernir y escoger el bien. A través de este pasaje Dios insta a su pueblo a no creer en aquellos que no poseían la verdad y solo querían destruirles. Aunque el contexto bíblico presenta una situación de presión donde el pueblo de Dios se encuentra en crisis Dios le provee un escape eficaz mostrándole la provechosa salida. También muestra la condición humana en la que se encontraban el pueblo de Dios en donde a pesar de que Él había provisto salvación para ellos, bajo hambre y fatiga; escogerán maldecirlo.

INTRODUCC IÓN ISAÍAS 53

El problema:

El cántico que aparece registrado en Isaías 53, acerca del siervo sufriente, es muy claro para muchos estudiosos de la biblia, mientras que para numerosos eruditos bíblicos es una base para discutir y hacer fundamentos que para ellos son los correctos según la perspectiva desde donde lo miran.

Las hipótesis más conocidas son las siguientes:

Hablando de Isaías capítulo 53, el contexto histórico de este capítulo hace referencia al Exilio y no una "predicción mesiánica" de la crucifixión de Jesús, afirmando que con el antisemitismo se hace realidad las palabras de Isaías 53:3

"No lo estimamos, despreciados por todos"

Un ejemplo de un seguidor de la religión judía es el siguiente.

John Chrysostain dice que los judíos son los más miserables de loshombres.

Debau Chery y Drunkenness los llaman los cerdos,

y que somos como animales feroces. Que matamos a nuestros hijos y que los damos a los demonios. Tal como lo dijo Isaías, desechado de los hombres. Los judíos que viven en diferentes países son testimonios vivos de cómo son tratados y despreciados de una manera u otra.

¿En la inquisición española, cuantos judíos fueron tratados como lo más despreciado de los hombres? Hitler tenía en su mente enferma el apresar a los judíos, en perpetua servidumbre. Que se quiten sus posesiones y sean muertos como lo más despreciable de este mundo. Como dijo Isaías... No lo estimamos, despreciados por todos.

Por otro lado, los defensores del cristianismo, reaccionan declarando que este es un capítulo mesiánico, pues todo indica que es el mesías príncipe, conocido como Jesús.

A continuación, el investigador analizará algunos textos claves del pasaje bíblico ya mencionado y de esta manera llegar a una conclusión satisfactoria, pero especialmente se buscará los resultados monumentales de este sacrificio por el bien de la humanidad.

Objetivo:

Mostrar la obra salvífica del siervo sufriente hacia la humanidad culpable, expresada en Isaías 53.

Orden de ideas:

Para llegar a un clímax de este capítulo están en

los siguientes temas:

1. Su sufrimiento es extremo.

2.Muere como un criminal a pesar de ser inocente, y muere voluntariamente.

3.El sufre y muere por la voluntad del Señor.

4.Su sufrimiento es descrito en términos de los cultos sacrificiales.

5.El volverá de la muerte y a través de Él muchos se reconciliarán con Dios.

6.Finalmente Él será exaltado.

MUERTE Y RESURRECCIÓN DEL SIERVO SUFRIENTE

Todos los eventos significativos de la vida del Mesías estaban registrados de manera profética en el antiguo testamento. "Nada hará el Señor sin que revele su secreto a sus siervos los profetas" Amos 3:7.

La resurrección es uno de los temas principales del nuevo testamento ya que "si Cristo no resucito de los muertos, nuestra esperanza es vana y vana es nuestra fe" 1 Corintios 15:14,17.

Entrego su vida en la cruz.

En el último día de compañerismo con los discípulos Jesús les dijo: "nadie tiene mayor amor que este. Que uno ponga su vida por sus amigos" Juan 15:13.

Dice Murray (2001): "la cruz de Cristo es la suprema demostración del amor de Dios (Romanos 5:8; 1 Juan 4:10), el carácter supremo de la demostración reside en el enorme precio del sacrificio ofrecido" (p. 18)

Con su muerte en la cruz, el siervo sufriente, aseguró la salvación para todos los seres humanos,

Satanás fue derrotado, el pecado de todos los que se arrepienten es perdonado, la justicia y el amor de Dios fueron revelados en su máxima expresión. Ahora no hay excusa para dudar del cuidado paternal de Dios.

Pero Él vive:

A diferencia de todos los seres humanos Cristo se levantó de los muertos, abriendo el camino de la esperanza para los seres humanos tal cual la persona sea. No es necesario hacer méritos pertenecemos a Dios porque él nos ama.

A esparcir esta grata noticia se dedicaron los apóstoles. Pablo decía a los corintios: porque primero os he enseñado lo que a si mismo recibí: que Cristo murió por nuestros pecados conforme a las Escrituras; y que fue sepultado, y que resucitó, conforme a las Escrituras. (1 Corintios 15:3,4). Y el apóstol Pedro aclaraba "de lo cual todos somos testigos". Hech. 2:32. Y citando las palabras del salmista las aplicó a Jesús "siendo profeta... viéndole antes habló de la resurrección de Cristo, que su alma no fue dejada en el Hades, ni su carne vio corrupción". Hech.2:31.

Y como resultado de la testificación veraz de estos apóstoles el mensaje de verdad alcanzó a todo el mundo conocido de la época, según el sentir de Pablo en colosenses 1:6 y 23.

El poder de la resurrección

La resurrección de Jesús es el evento más trascendental que haya contemplado el universo. Jesús advirtió que Él tenía poder para dar la vida y para volverla a tomar. (Juan 10:17,18). Como Dios no hay nada que fuera imposible para él, pero conviene recordar en este punto que Jesús se despojó, literalmente se "vació" de su naturaleza divina para tomar la humana "y estando en la condición de hombre se humillo a sí mismo hasta la muerte", y Palo enfatiza "muerte de cruz". Filipenses 2:6-8. Lo cual indica que todo el poder que acompañó a Jesús fue por su constante dependencia del Padre. Renuncio a su autosuficiencia para limitarse a una vida de compañerismo físico con los seres humanos. Jesús es Dios hecho hombre.

Es por la potencia divina que no tiene límites que sucedió la resurrección de Jesús, y dicho poder es la garantía para todos los creyentes que, así como Jesús resucito, los fieles también se levantaran de entre los muertos (1 Tesalonicenses 4:14) y más aún, así como fueron vencidas las fuerzas demoniacas en la vida de Jesús, serán derrotados en la vida del creyente sincero.

Conclusión:

Jesús murió y resucito por el poder de Dios que se manifestó poderosamente en Él. Para el creyente Jesús lo es todo. Ya en su mente no quedan dudas. Por la fe en Jesús, su corazón está afirmado en una esperanza segura.

SU SUFRIMIENTO ES EXTREMO

Isaías 52:14

Isaías en santa visión contempló los sufrimientos del Mesías redentor, Dios le permitió anticipar la muerte sustituta de Jesús, para alentar el corazón de los israelitas, mientras permanecían en la larga espera del que soportara sobre sus hombros la pesada carga del pecado de la humanidad.

Aquí se presenta una descripción profética de cómo sería convertida la apariencia física del Mesías, debido al gran padecimiento al que sería sometido.

Los padecimientos del siervo

Este texto se aplica directamente a Jesús, pues, solo en él se cumplen todas las especificaciones dadas en los últimos versículos del capítulo 52 y todo el 53. A Cristo le tocó sufrir todos los males y las maldades que los hombres impíos y los ángeles caídos pudieron causarle. Esto culminó en el juicio y la crucifixión. Mediante este sufrimiento extremo es que el Mesías logra su propósito de justificar a los culpables (Isa. 53:11).

A causa del dolor que embargaba su alma y del maltrato que recibió, el rostro del Mesías fue "desfigurado" (Isa.52:14). La apariencia de Jesús quedo tan alterado que apenas sus amigos pudieron reconocerlo. Su padecimiento no fue solo físico sino también mental y espiritual. Los golpes solo constituyeron una parte de su gran sufrimiento.

Antes de la cruz hubo dos momentos especiales de sufrimiento extremo para Jesús. El primero fue en el desierto de la tentación donde estuvo en ayuno 40 días según Mateo 4:2. Y el segundo fue en el jardín del Getsemaní, donde "estando en agonía oraba más intensamente". Lucas 22:44. Y finalmente en la cruz expresa su agonía en el clamor "Dios mío, Dios mío, por qué me has abandonado". Mateo 27:46. Así el Siervo sufriente soporto el peso de los pecados de toda la humanidad sobre su propio cuerpo.

¿Por qué fue necesario tan grande sufrimiento?

Al respecto Murray (2001), afirma:

"Fue este equipamiento, a través de todas las experiencias de pruebas, tentaciones y padecimientos, el que proveyó los recursos necesarios para el requisito culminante de su comisión. Fue esta obediencia llevada a su total consumación en la cruz la que lo constituyó como un salvador todo suficiente y perfecto" (p 25).

Ningún ser humano ha experimentado jamás una agonía tan extremadamente profunda como la que Jesús soportó cuando estaba pagando el precio por los pecados del hombre. El peso del pecado de toda la humanidad estaba siendo colocado sobre sus hombros. Se le estaba pasando el cobro doloroso de la culpabilidad de toda la raza caída (Romanos 5:8). Sobre él se descargó toda la ira divina, que habían provocado los pecados de los hombres (Romanos 3:25). Por eso era tan extremadamente doloroso su sufrimiento. Su sufrimiento es tan profundo como amplios son los beneficios que ofrece a los que le aman.

Nadie ha sufrido como él, porque él estaba cargando la culpa corporativa de toda la humanidad (2 Corintios 5:21). Los hombres sufren la muerte como una consecuencia natural (Hebreos 9:27). Pero la muerte de Cristo no fue la consecuencia natural, él era sin pecado, por lo cual no podía morir. Pero tomo la decisión de morir en lugar del pecador (Juan 10:17,18) y afrontar el tipo de muerte que equivale a la ejecución final o sea el castigo definitivo por el pecado (Romanos 6:23). De esta forma su sufrimiento no tiene paralelo en la historia. Su sufrimiento fue superior.

MUERE COMO UN CRIMINAL

A Pesar De Ser Inocente

Isaías 53: 8, 9,12

Siendo que no es un estudio exhaustivo del texto, se analizarán algunas oraciones claves para darnos una idea general de lo que tenía el profeta Isaías en mente:

El versículo 8 afirma que el siervo o Niphal en la lengua hebrea "fue cortado de la tierra de los vivientes";

El profeta utiliza un verbo importante para lo que él quiere decir. Gazar (cortar), refiriéndose a este verbo Winterstein (1969) afirma:

Gazar significa cortar o dividir... Aquí el Niphal significa que Él fue cortado de la tierra de los vivos. La última cláusula debe ser entendida de forma independiente. No expresa el agente o instrumento o causa justa por la cual lo hieren.

Es claro deducir que él fue arrancado de la tierra de los vivientes siendo inocente, pues no había realizado algo que fuera motivo para que lo condenara de esta manera tan cruel.

EL versículo 9 comenta según la Nueva Versión Internacional que "se le asignó un sepulcro con los malvados".

Este texto ha traído muchas problemáticas para definir una traducción fidedigna, pues la palabra Rashah (criminal, malvado) como la conocemos, también tiene otra traducción que es destacada por los evangelistas.

Para esto es necesario analizar de nuevo las palabras de Winterstein (1969):

Un hombre Rashahes un malvado o injusto todo lo contrario del hombre Sadio. Eth es aquí una preposición que significa con, por, en la comunión de. Un Chever es un sepulcro o tumba. Ashir medios ricos, ya sea en el sentido de una honorable y noble rico, o en el sentido de soberbio e impío rico, ya que las riquezas son la fuente de orgullo. Aquí se usa en el buen sentido de un rico. Probablemente es el hecho de que sería un rico, como sabemos Nicodemo, que en realidad estaría con o en su condición de muerte (p.13).

No es necesario ir tan lejos para saber cuál es la traducción más fiel al texto original pues los tanto los evangelios sinópticos como el especial, todos comentan que fue sepultado por José de Arimatea, y Juan añade a Nicodemo. Dos hombres ricos y de gran influencia.

El versículo 12 traduce "derramó su vida hasta la muerte":

"Se humilló como nuestro sustituto teniendo vicaria nuestra culpa, hasta el punto de derramar su alma por completo, como una ofrenda por nuestros pecados. Según el Antiguo Testamento en Lev. 17:11, el alma o la vida se encuentran en la sangre. Este siervo ha derramado hasta la última gota y así, se concede su vida por nosotros como una ofrenda, una ofrenda por la culpa para el pago de nuestras culpas".

Es claro que el siervo derramó su vida y sangre hasta la muerte, y de esta manera dio su vida injustamente, y por esto tuvo su galardón.

En efecto, aunque el siervo sufriente era inocente fue ejecutado pues voluntariamente dio su vida hasta la muerte.

El siervo sufriente no puede ser el pueblo de Israel porque este merecía el castigo que sufrió en el exilio. Un ejemplo de esto lo encontramos registrado en las siguientes palabras del profeta Jeremías en el capítulo 26:4-8:

"Tú les advertirás que así dice el Señor: si no me obedecen o se ciñen a la ley, que yo les he entregado, y si no escuchan las palabras de mis siervos los profetas, a quienes una y otra vez he enviado y ustedes han desobedecido, entonces haré con esta casa lo mismo que hice con Silo: haré de esta ciudad una maldición para todas las naciones de la tierra.

Los sacerdotes, los profetas y el pueblo entero oyeron estas palabras que el profeta jeremías pronunció en la casa del Señor. Pero en cuanto Jeremías termino de decir todo lo que el Señor le había ordenado, los sacerdotes, y los profetas y todo el pueblo lo apresaron y le dijeron: ¡Vas a morir! (Nueva versión internacional).

El pueblo fue exiliado por su propia culpa.

Además, el pueblo en ningún momento dio su vida hasta la muerte, pues, aunque fueron exiliados Dios nunca los abandonó hasta desaparecer de la faz de la tierra. De esta manera el pueblo no clasifica entre las características que da Isaías, como el siervo sufriente.

Por otro lado, Jesús si cumple todas las características que hasta el momento se han pronunciado, dando a entender que este capítulo es un cantico mesiánico.

En el desarrollo de los siguientes subtítulos se hablará más de la obra de esta profecía mesiánica.

ÉL SUFRE Y MUERE

Por La Voluntad Del Señor

Isaías 53:6, 10.

El plan de salvación para los pecadores es iniciativa divina. Es la mayor manifestación de su amor desinteresado y abnegado, que estuvo dispuesto hacer por el hombre todo lo que era necesario para volver a estar en comunión con él.

Cargó el pecado de todos los hombres.

El sufrimiento del siervo es un sufrimiento vicario por el pecado de otros. El siervo no solo padece por nosotros sino en lugar de nosotros, puesto que sufre y muere en el lugar que nos correspondía a nosotros y a muchos. "el Señor cargó sobre él todos nuestros crímenes" (Isaías 53.6).

Esto quiere decir si tomamos en cuenta el significado de culpa en hebreo (awon), hecho pecaminoso o las consecuencias de ese hecho, que el siervo a cargado con nuestras enfermedades y nuestros dolores, en cuanto que estos eran el castigo y azote que merecíamos: "él (Yaveh o el siervo) quiso entregar su vida como expiación (o como resarcimiento o indemnización)" Isa.53.10. Juan Alfaro, Guillermo Aparicio - 1980; "El acontecimiento

Cristo".

En efecto de esta pasión del siervo es la satisfacción. Pero no en el sentido, por lo menos explícitamente, de la doctrina dogmática tradicional sobre la satisfacción según la cual se trata de satisfacer el dolor de un Dios agravado. Tampoco en el sentido de una placatio, relacionada con la satisfatio, tendente a aplacar la ira de Dios, provocada por el pecado, y a lograr una reconciliación con Dios.

Se trata más bien de una idea, basada en una representación arcaica, que no admite muchas aclaraciones racionales. Lo esencial de esta idea sería que las calamidades resultantes del mal, son realidades existentes en el mundo; estas realidades, lo mismo que una deuda o un castigo, pueden y deben ser retiradas y canceladas. Para esta Dios levanta al siervo sufriente, sobre quien recae el castigo que debían sufrir todos los pecadores.

No quiere decir que como el siervo pago el precio, el pecador siga en sus caminos de iniquidad, al contrario, debe renunciar a aquello que causó la muerte del Mesías. De esta manera todo pecado hade ser abandonado, para continuar beneficiándose de la protección que ofrece el siervo sufriente, pues, este siervo es vencedor mediante el sufrimiento y se hace Señor.

Hace la voluntad de Dios.

El versículo 10 en este poema afirma que él era la voluntad de Dios que el siervo sufriera, como sustituto por los transgresores. Para muchos este es un texto oscuro y argumentan que tiene una construcción y un contenido oscuro, porque se basa en la lectura hebrea emet (entendida adverbialmente), la cual sugiere que el sujeto puede ser Yaveh, como en ocurre en los versículos anteriores o el siervo. Esto causa confusión en la comprensión del texto.

Sin embargo, es claro cuando se ve la actitud de Jesús como Mesías frente a los sufrimientos que le tocó afrontar. Él no tomo una actitud fría, aunque dependía total y completamente del padre, y como él mismo lo expreso siempre hacia la voluntad del Padre, no era una sujeción mecánica sino voluntaria. Lo cual nos permite comprender que cuando Isaías describe al siervo como entregándose a sí mismo está en armonía con la revelación del plan de salvación obrado por Jesús.

Cristo como siervo vivió para agradar al Padre pero su sacrificio y su entrega fueron voluntarios, no hubo arbitrariedad o imposición de parte del Padre para que el Siervo fuese fiel. Sobre este punto Valverde (2006) concluye:

El profeta ve en este dolor una misión confiada por Yahvé y que el Siervo ha aceptado con toda generosidad y entrega, con pleno conocimiento de causa. Esta función era la de redimir al mundo cargando sobre sí los pecados de los hombres, sus dolores y enfermedades, como víctima de expiación vicaria para cumplir el plan de Dios sobre la humanidad.

SU SUFRIMIENTO ES DESCRITO

En Términos De Los

Cultos Sacrificiales

Isaías 53:7, 10,12

En el subtítulo dos se concluyó que el que cumple las características del siervo sufriente es Jesús. En este subtitulo encontraremos los paralelos que existen entre el sistema de sacrificios del libro de levítico con Isaías 53 y el ministerio de Jesús en esta tierra, encontrando la similitud de estos.

En el versículo 7 la biblia expresa; "como cordero fue llevado al matadero".

La pregunta que surge es ¿Qué tiene que ver un cordero con el siervo sufriente?, la repuesta se lee en el pentateuco, especialmente en el libro de levítico, donde se encuentran una serie de rituales que los judíos debían hacer para alcanzar el perdón de los pecados, entre esos rituales y el más común era hacer sacrificios de corderos en el santuario. Pero estos sacrificios no iniciaron en el monte Sinaí, sino que desde el mismo momento en que el pecado entró a la tierra se efectuó este sacrificio.

Génesis 3:23 dice que "Dios el Señor hizo ropa de pieles para el hombre y su mujer y los vistió". Ahora surge otra pregunta ¿de qué animal eran esas pieles? Las mismas escrituras responden, "Isaac le dijo a Abraham: - ¡Padre! -Dime hijo mío. – Aquí tenemos el fuego y la leña – continuó Isaac-; pero ¿dónde está el cordero para el holocausto? –El cordero, hijo mío, lo proveerá Dios – le contestó Abraham" (Gen 22:7,8). Cuando los hombres temerosos de Dios, hablaban de sacrificios u holocaustos, lo primero que le venía a la mente de la persona era un cordero expiatorio, pues este simbolizaba la obra que vendría a hacer por la humanidad el mesías. Salvarla, como en esta misma historia, pues el cordero que simbolizaba al ungido del señor le salvo la vida a Isaac: "Abraham alzó la vista y, en un matorral, vio un carnero enredado por los cuernos. Fue entonces, tomó el carnero y lo ofreció como holocausto, en lugar de su hijo" (Gen 22:13).

La única manera para ser salvos era a través de un sacrificio expiatorio, apuntando por fe al siervo sufriente.

Isaías describe en el versículo 7, que, aunque el siervo fue maltratado y humillado, al igual que el cordero expiatorio, él no abrió su boca y de esta manera fue llevado al matadero sin oponerse.

Cuando el pecador penitente venia al santuario con un sacrificio, colocaba sus manos sobre la cabeza del animal inocente y confesaba sus pecados. Este acto transfería simbólicamente su pecado y su castigo a la víctima. Como resultado obtenía el perdón de los pecados. Comenta la obra de Juwis enciclopedia: El acto de colocar las manos sobre la cabeza de la víctima es un rito común por medio del cual se efectúa la sustitución y transferencia de los pecados. En cada sacrificio existe la idea de sustitución; la victima toma el lugar del pecador humano (Asociación ministerial de la asociación general, 2006, p. 352).

El profeta más grande que tuvo Israel y reconocido por todo el pueblo, tenía muy claro el sistema de sustitución de pecados y la interpretación mesiánica de Isaías 53. Cuando él se enteró de que Jesús se iba a bautizar, lo confesó de la siguiente manera: "Aquí tienen al cordero de Dios que quita el pecado del mundo" (Jn 1:29).

También Felipe inspirado por el Espíritu Santo tenía la seguridad que Jesús fue el cordero de Dios o siervo sufriente que había perdonado sus pecados tal como lo dice el libro de Hechos: "¿De quién habla aquí el profeta? ¿De sí mismo o de algún otro? Le preguntó el eunuco a Felipe. Entonces Felipe, comenzando con ese mismo pasaje de las escrituras, le anunció las buenas nuevas acerca de Jesús" (8:34,35).

Al tener claro todo lo que se ha explicado, es fácil comprender porque cuando el siervo sufriente tomo los pecados de la humanidad, "la cortina del Santuario del Templo se rasgó en dos" (Mt 27:51). Pues él era el cordero que todos los sacrificios simbolizaban y a partir de ese momento no se necesitaba más del Santuario sus holocaustos.

Ese cordero de Dios que fue llevado al matadero y tomo los pecados de la humanidad como lo dice Isaías 53:12, es el mismo cordero expiatorio que anunció Juan el bautista, y que murió en la cruz del calvario, su nombre es Jesús.

VOLVERÁ DE LA MUERTE

Y se reconciliarán con Dios

Isaías 53:5, 11,12

Por fin después de tanto sufrir el codero de Dios, en los versículos que se analizarán a continuación, revelan el objeto del sacrificio realizado por parte del Siervo sufriente.

Sobre él recayó el castigo, precio de nuestra paz, (v. 5)

Es fácil ver en este capítulo la justicia de Dios. Años antes el salmista dice que "no hay justo ni uno", de la misma manera Isaías profetizándole al pueblo expresa que:

"Desde la planta del píe hasta la coronilla, no les queda nada sano: todo en ellos es heridas, moretones, y llagas abiertas, que no les han sido curadas ni vendadas, ni aliviadas con aceite" (1:6), este texto y muchos otros revelan que la situación del ser humano es una situación alarmante.

No solamente lo es por el pecado, sino que este trae consecuencias fatales pues no puede atesorar Shalom (paz) para con Dios, en otras palabras, su situación hace que sea enemigo de Dios. Y la 'única formar para estar en paz con Dios es pagando la deuda, esa deuda es la muerte.

Pero el Padre hizo algo le dio el castigo que el ser humano merecía, se lo atribuyó a su siervo, haciéndolo sufriente a fin de que el hombre pudiera gozar de esa paz.

Cuando se escribe la grafía Shalom, no se refiere solamente a una paz sentimiento o emocional, sino una situación que es necesario tener para con Dios a fin de agradarlo a él. En la traducción de este texto en la Septuaginta, la palabra Shalom en griego es Irene, que da a entender, estar bien con otra persona, un ejemplo es cuando se utiliza esta palabra en Hebreos 11: 31 "Por la fe la prostituta Rajab, no murió junto con los desobedientes, pues había recibido en paz a los espías". O sea, no era enemiga de ellos, había hacho las paces con los espías.

De la misma manera para que toda la raza humana hiciera las paces con Dios, debía morir. Fue especialmente en estas circunstancias cuando el siervo de Dios sufrió para que el hombre estuviera en paz con el Padre.

Tomó los pecados de la humanidad sobre si, para que ella fuera salva, o sea un justo tomó el lugar de los injustos.

Ser justo según Josefo es ser:

"virtuoso con una insinuación de fidelidad a la ley. Filón dice que los justos han alcanzado una rectitud que cura, y son el verdadero sostén del género humano. La usa para describir las cosas como buenas, rectas, legales, o exactas. En esta línea el término puede caracterizar la ley del A.T, o la ley en general, o la ley natural" (Libros desafío, 2002, p. 170).

Las palabras de estos dos judíos confirman que solo Jesús como siervo sufriente fue el único que pudo sostener el género humano pues es el único justo que ha existido pues por sus llagas fuimos nosotros sanados.

Vera la luz y quedará satisfecho (v. 11).

Si fue un siervo sufriente y aun esto le costó la vida, ¿Por qué está satisfecho?, el mismo versículo responde. Pues "Muchos fueron justificados por sus merito". Gracias a ese sacrificio, muchos que estaban condenados ahora son hechos justos gratuitamente, o sea por sus esfuerzos son hechos justos, cumpliéndose de esta manera las palabras de Señor; "Cuando yo sea levantado de la tierra a todos atraeré hacia mi" (Juan 11:32).

Definitivamente este capítulo tiene mucho que agradecer pues muestra claramente el amor de Dios por la humanidad. Y el gran precio que tuvo que pagar Dios para salvarnos, "humillación, y aun, su vida".

FINALMENTE,

Él Será Exaltado

Isaías 52:13

El profeta antes de iniciar con los sufrimientos del Mesías, guía a los lectores a los eventos que serán cuando él sea exaltado "donde todas las naciones de la tierra se lamentarán en él" (Ap.1.7). Como el pueblo de Dios solo esperaba a un mesías vengativo que los liberaría de sus opresores, y no un mesías que vendría a morir por la humanidad, el vidente utilizó un método inductivo, pues trasladó la mente de los lectores de lo que creían a algo completamente desconocido como lo era el siervo sufriente.

Por lo anterior es que él hace el enlace entre un siervo triunfante y uno sufriente, con la expresión, ¿quién ha creído a nuestro mensaje?

El hecho de que el siervo será exaltado responde a la discusión del segundo subtitulo, pues si contemplamos hoy, es real que el pueblo judío ha sido exaltado, es más en este tiempo se encuentra en una confusión religiosa que muchos de ellos, ya ni creen en varias de las profecías mesiánicas.

El apóstol Pedro ante el consejo les resume todo el

texto que se ha estudiado en esta investigación: "El Dios de nuestros antepasados resucitó a Jesús, a quien ustedes mataron colgándolo de un madero. Por su poder Dios lo exalto como príncipe y salvador, para que diera a Israel arrepentimiento y perdón de pecados".

La exaltación de Cristo fue lo que dio poder al mensaje evangélico, pues gracias a esa exaltación el Espíritu Santo descendió sobre los apóstoles y muchos vieron manifestado el poder de Jesucristo en sus vidas.

Por la anterior Smith (1957), comento:

La resurrección de Cristo es la ciudadela de la fe cristiana. Esta es la doctrina que trastornó el mundo en el primer siglo y que exaltó al cristianismo a un nivel preeminente por encima del judaísmo y de las religiones paganas del mundo mediterráneo. Sí se deja esto de lado, habría que hacer lo mismo con todo lo demás que es vital y único en el evangelio del Señor Jesucristo: si Cristo no resucito nuestra fe es vana"

En fin, gracias a la resurrección y exaltación de Cristo hoy miles de cristianos son puestos en paz cada Día para con el Padre, gracias a su resurrección el cristianismo que inició con doce apóstoles, es hoy una de las religiones más grandes del mundo.

En efecto, la resurrección y exaltación de Cristo es lo más grande que pudo haber sucedido en la historia del universo, y por esto todas las naciones de la tierra se asombran y asombrarán cuando lo vean exaltado al igual que Esteban, a la diestra del Padre.

AGRADECIMIENTOS

Al Proveedor Supremo, Dios.

A mi familia Del Valle Rodríguez

A WZOL - Radio Sol de Puerto Rico

A 3ABN - Three Angels Broadcasting

A la Federal Police Chaplain International

A la Iglesia Cristiana Adventista Del Séptimo Día

A los Prisioneros de Big Muddy River Correctional Center

ABOUT THE AUTHOR

José Ramón Del Valle Rodríguez

El Dr. José Ramón Del Valle Rodríguez nació en Caguas, Puerto Rico el 21 de octubre de 1989. Criado en Cayey por sus padres el Sr. Ramón Del Valle Báez y Carmen M. Rodríguez Aponte. Sus hermanos Damaris y Ramón, siendo el primogénito entre ellos y todos sus primos hermanos. Es Doctor de Teología en Ministerio y Consejería Clínica, grado académico de Revelation University en Estados Unidos y Puerto Rico. Ha sido galardonado con el título de Doctor Honoris Causa en Divinidad de ULC. Completó su grado de Maestría de Ministerio en Teología y Educación Cristiana en marzo 2018. Posee tres licenciaturas en Religión. Es graduado de Bachillerato en Teología Bíblica Pastoral en la Universidad Adventista de las Antillas en Mayagüez, Puerto Rico en el mes de mayo del año 2017. Obtiene su Bachillerato como Consejero Capellán y licencias del International Reciprocity Board of Therapeutic Profesional Counselor Certification, como Consejero Avanzado de Alcohol y Drogas, Consejero Terepeutico Familiar y Celebrar Matrimonios en Puerto Rico. en 2022. Grado Asociado como Capellán Ordenado y Licenciado por la Federal Police Chaplains International en Arecibo, donde también fue certificado como Misionero Mundial en diciembre del 2016. En el mismo año completa 120 créditos del Programa de entrenamiento de comunicación de Iglesias de la División Interamericana y Asociación General de la Iglesia Adventista del Séptimo Día. En noviembre del 2015 desfiló para obtener su segundo Bachillerato de Teología y Estudios Bíblicos de Revelation 3:20 Teological University y el otro bachiller de Revelation University en Miami, Florida 2015. En 2014 obtiene dos diplomados uno en Teología y en Ministerio Pastoral del Seminario Reina Valera. En el programa Ministerial de la Escuela de Religión y Asociación de Estudiantes de la Universidad Adventista de las Antillas en San Juan fue su iniciación certificándolo a inicios del año 2012. Para el 2011 lo ordenaron al cargo de Anciano en Cayey, Puerto Rico. Es en agosto del 2008 que se gradúa y certificándose como Técnico en Medios de Comunicación en Columbia Central University. Llegó a ser Capellán del Batallón Alfa en los Cadetes Médicos Adventistas. Se gradúa de la escuela Superior Vocacional Benjamín Harrison en 2007 como Técnico en Electrónica Industrial. En adición paso las pruebas y fue admitido en la escuela especializada de Producción Técnica de Radio y Televisión Dr. Juan José Osuna en Hato Rey. En sus comienzos completó sus estudios de Primaria e Intermedia en la escuela S.U.

Gerardo Selles Solá en Guavate, Cayey. En mayo del 2005 fue ordenado como Diacono en Caguas, Puerto Rico. Es reconocido por el Departamento de Comunicaciones de la Unión Puertorriqueña y su presidente por ser parte del equipo Radial Adventista. Ha trabajado en Radio Sol 98.3 FM y 93.3 FM por sus siglas WZOL en San Juan también ha contribuido en el Canal 22.1 y 36.1 Salvación TV. Es Vice-Presidente de Radio Jireh Broadcast, Director de Radio Joven Adventista en Puerto Rico, Pastor en el Staff de Maranatha Global Family y sus talentos han llegado a muchas otras emisoras y programas locales e internacionales. Es autor de los libros: SERMONS: Theology + Bible = Life; SERMONES: Teología + Biblia = Vida; TEOLOGÍA DEL CONOCIMIENTO: SEGÚN ANTUGUOS TEXTOS; y TERAPIA PARA TRATAMIENTO DE ADICCIÓN. Ha ejercido las funciones de Pastor, Evangelista, Obrero Bíblico, Maestro de Ceremonias entre otras... en la Asociación Puertorriqueña del Este y Sur de los Adventistas del Séptimo Día. Aunque ha desempeñado múltiples funciones; Departamento Pastoral, Ministerio de las Prisiones, Ministerio de Capellanía, Coordinador etc., oficialmente es el Gerente de Producción en la cadena de Televisión y Radio "Three Angels Broadcasting Network" 3ABN Latino en Illinois, USA.

BOOKS BY THIS AUTHOR

Teología Del Conocimiento: Según Antuguos Textos

ESTUDIO DEL VÍNCULO ENTRE EL PECADO Y EL PROCESO EPISTEMOLÓGICO EN GÉNESIS, ÉXODO, Y NÚMEROS: UNA TEOLOGÍA BÍBLICA DEL CONOCIMIENTO BASADA EN TEXTOS ANTIGUOS

Terapia Para Tratamiento De Adicción

La teoterapia como modelo de intervención para el tratamiento contra la adicción a las sustancias Psicoactivas - SPA

Sermons: Theology + Bible = Life

Contains Varied topics: 7 Sermons on Biblical Archaeology, Doctrinal and/or Beliefs, Health, Prophecy, etc..

Made in the USA
Middletown, DE
28 October 2022